Faeries

t3

Sommaire du

CW01621795

Remerciements

Faeries hors Serie 1

Directeur de publication : Jean-Paul Pellen

Rédactrice en chef : Chrystelle Camus

Maquettiste : Jean-Paul Pellen

Illustration de couverture : Zéphir D'Elph

Illustrations intérieures : Stéphane Truffert

Relectrices : Chrystelle Camus

Rédacteurs : Alienor, David Beauvineau, Sébastien Bertho, Chrystelle Camus, Mathias Daval, Irène De Los Santos, Jean-Paul Gourdant, Guybrush, J.R. Lecocq, Fabrice Marchand, Claire Panier-Alix, Sébastien Rennou, Simon Sanahujas, l'équipe de Tolkien & Co.

Faeries est une revue éditée par NESTIVEQNEN Éditions,
EURL au capital de 15.244,90 Euros
Adresse de la rédaction :
Nestiveqnen Editions, revue Faeries,
127, rue Amelot, 75011 PARIS
Site Internet : www.nestiveqnen.com
E-mail : djeepy@worldnet.fr
Dépôt légal : novembre 2002
ISBN : 2-910899-40-3
ISSN : 1625-8223

Cet ouvrage a été achevé d'imprimer en novembre 2002
sur les presses de la Nouvelle Imprimerie LABALLERY à Clamecy (France)
Les manuscrits non retenus ne seront pas retournés

Illustrateurs

par Chrystelle Camus

Zéphir D'Elph

Comme le prouve cette illustration de couverture, Zéphir d'Elph est une jeune illustratrice d'un grand talent. Passionnée par la fantasy en général et par l'œuvre de Tolkien et les Légendes Arthuriennes en particulier, Zéphir d'Elph est l'illustratrice de l'écran du Jeu de Rôle de la Terre du Milieu (Hexagonal). Elle a également illustré des romans et fait des cartes postales et des affichettes aux éditions Le chant des Toiles.

Nous remercions Le chant des Toiles de nous avoir permis de reproduire « la Reine Guenièvre » de Zéphir d'Elph. Cette illustration existe aussi en format carte postale (10 x 15 cm) et en format poster (24 x 30). Vous pouvez les commander à :

Le chant des Toiles « L'Arcadie »
24580 PLAZAC. Tel : 05 53 50 74 40.
Fax : 05 53 51 09 75.
guascojeanlouis@aol.com

Stéphane TRUFFERT

Stéphane Truffert est un passionné d'architecture gothique, d'entrelacs celtiques et d'univers de Fantasy (dont notamment celui de J.R.R. Tolkien). Ses illustrations aux traits épurés, traitées uniquement en noir et blanc, ne sont pas sans rappeler les gravures de Dürer et les dessins d'Escher, tant il laisse la part belle à des monuments compliqués et à des scènes fantasmagoriques. Il est le co-auteur (avec Philippe Alliot) d'un ouvrage illustré de Fantasy, paru aux éditions Nestiveqnen : Châteaux et Chimères.

Biographie et Bibliographies

« Ne va pas te mêler des affaires de ceux qui sont au-dessus de toi, ou tu vas aboutir à des ennuis trop gros pour toi » (L'Ancien)

Tolkien une Vie pour une Œuvre

par Claire Panier-Alix

Biographie

John Ronald Reuel Tolkien est né le 3 janvier 1892 à Bloemfontein, en Afrique du Sud. Orphelin de père, il est élevé en Angleterre par ses grands-parents et par sa mère, Mabel. Au décès de celle-ci, il est pris en charge par un prêtre catholique, le père Francis Morgan.

Il sait lire à quatre ans et se montre très doué en langues étrangères, en botanique et en dessin. À sept ans, il écrit sa première histoire où il est fortement question de dragons. Le jeune Tolkien s'intéresse beaucoup à l'étude des langues (dont le gallois), et aime inventer des langages personnels.

Chez des voisins, il fait la connaissance d'Edith Bratt, qui deviendra sa femme. Ils se déclarent leur flamme en 1909 (il a 17 ans et elle 20) mais le prêtre qui sert de tuteur à J.R.R. Tolkien les sépare.

À l'université d'Oxford, Tolkien semble oublier Edith, et se consacre entièrement aux études et aux activités estudiantines : sport, journaux étudiants et surtout les clubs et associations qu'il fréquentera et/ou fondera tout au long de sa vie. Il crée ainsi le T.C. (Tea Club) B.S. (Barrovian Society) avec des amis, dont l'activité se résume à de longues soirées passées à prendre le thé et à discuter à la bibliothèque de King Edward.

En 1911, il découvre le *Kalevala*, recueil de poèmes de la mythologie nordique, qui lui inspirera entre autres *La Geste des Enfants de Húrin*. Cette même année, il devient membre du club de l'essai, de la société dialectique, du Stapelton, et fonde le club des Apolaustiques. Il fait la connaissance de Joseph Wright, professeur de philologie comparée. Il lit aussi le *Kalevala* en version originale : « Ce fut comme de découvrir une cave pleine de bouteilles d'un vin extraordinaire et d'un goût jusqu'alors inconnu. J'en devins passablement ivre ». Le finnois influencera profondément les langues qu'il créera, le Quenya notamment (langage elfique).

En 1913, il se fiance enfin avec Edith, et oriente ses études vers la littérature anglaise, dans la section des philologues et des médiévistes. Durant l'été 1914, il séjourne en Cornouailles, d'où il reviendra profondément marqué par la beauté de la mer. Un très beau texte voit le jour : *Le Voyage d'Eärendil*. C'est de ce poème que naîtra plus tard le *Silmarillion*. L'été 1915, il est enrôlé dans les fusiliers du Lancashire.

Le 22 mars 1916, Edith et Ronald se marient à Warwick et en juin Ronald part en France, où il subit l'horreur des tranchées. Il perd deux de ses meilleurs amis, Bob Gilson et G.B. Smith. En novembre, il tombe malade et on le rapatrie en Angleterre. Durant sa convalescence, début 1917, il commence la rédaction du premier *Livre des Contes Perdus*, dont la première nouvelle raconte La Chute de Gondolin. Tout en peaufinant la création des langues elfiques (Quenya et Sindarin) il élabore la généalogie historique de sa mythologie personnelle. Aux récits présents dans le *Livre des Contes Perdus* viennent bientôt s'ajouter *La Geste des Enfants de Húrin* et *Le Conte de Beren et Lúthien*, qui est l'un des plus beaux textes de son œuvre, et auquel il fera fréquemment référence par le biais de ses personnages dans ses romans à venir.

Professionnellement, Tolkien participe à la conception du Nouveau Dictionnaire grâce à sa maîtrise de l'anglais et des langues germaniques, et donne des cours privés. En 1920 il obtient un poste de lecteur à l'Université de Leeds et collabore à la création d'un lexique anglo-saxon. Il travaille aussi à une nouvelle édition du poème médiéval *Sire Gauvain et le Chevalier Vert*. Il fonde avec un collègue de ses amis et quelques-uns de ses étudiants un club viking. En mai 1923, il achève *Le Livre des Légendes Perdues*, qu'il rebaptise *Silmarillion*.

L'année suivante, il est nommé professeur d'anglais, puis professeur d'anglo-saxon à Oxford en 1925.

Il rencontre alors C.S. Lewis, qui devient l'un de ses plus proches amis et partage son goût de l'écriture. Tolkien fonde les Coalbiters pour donner une place plus importante à l'Islandais dans le programme des étudiants. C'est à peu près à cette époque que Tolkien commence à écrire *The Hobbit*, plus connu en France sous le titre *Bilbo le Hobbit*, né des histoires qu'il racontait à ses enfants. Il travaille parallèlement à divers travaux universitaires, en particulier une étude renommée autour du long poème épique en moyen anglais *Beowulf*[1], et à de nombreux articles sur l'histoire de la langue anglaise.

The Hobbit est publié en automne 1937 par Allen & Unwin, et rencontre un grand succès. L'éditeur lui commande une suite et lui fait comprendre que son public veut lire quelque chose de plus léger que le *Silmarillion* que Tolkien voudrait cependant bien publier. Il commence donc à écrire la suite des aventures de *Bilbo le Hobbit,* qui deviendra la trilogie du *Seigneur des Anneaux*, espérant bien que son éditeur acceptera ensuite de publier le *Silmarillion*.

Mais Tolkien, perfectionniste, va consacrer quinze ans à la rédaction du *Seigneur des Anneaux*. La guerre[2] et des soucis familiaux ralentissent aussi son travail, et il se décourage régulièrement.

En 1949, il achève la première version du roman, et lui consacre encore plusieurs années pour le mettre en forme et le corriger. Finalement, son éditeur accepte de le publier, et de le faire suivre du *Silmarillion* que Tolkien doit cependant remanier et achever.

Pour une raison de coût, le roman est coupé, morcelé en trois parties, *La Communauté de l'Anneau* (ou « *La Fraternité de l'Anneau* »), *Les Deux Tours* et *Le Retour du Roi*. Les deux premiers sont publiés en 1954, et sont accueillis avec enthousiasme par le public et la critique. Le dernier volume paraît en 1955, en même temps que la carte de la Terre du Milieu, élaborée par le fils

1. Dont *The Hobbit* est fortement influencé, sous une forme plus populaire et enfantine toutefois.
2. Certains pensent que l'ambiance pesante du *Seigneur des Anneaux,* et le Mal personnifié par Sauron, démon à la fois omniprésent, omnipotent et cependant invisible, cloîtré dans une tour loin de tout, est la vision qu'avait Tolkien d'Hitler.

de Tolkien, Christopher, sur les indications de son père, et de nombreux appendices (tableaux généalogiques, langues, us et coutumes, index, chronologies, géographie, etc.).

Pendant 10 ans, les ventes grimpent en flèche, et une édition américaine les décuple encore, ainsi que celles de *The Hobbit*. Les textes sont traduits dans plus de cinquante langues.

En 1959, Tolkien prend sa retraite (nommé membre honoraire du collège d'Exeter et membre émérite du collège de Merton) et se consacre à la révision de ses romans, en particulier du *Silmarillion* qu'il ne cesse de reprendre et d'augmenter.

Sa femme meurt en 1971 et Tolkien reste seul, inconsolable. L'année suivante, il reçoit un C.B.E.[3] des mains de la reine et un doctorat ès lettre honoraire de la part d'Oxford pour sa contribution à la philologie.

Il s'éteint en 1973 à 81 ans. Sur la tombe qu'il partage avec sa femme, on peut lire :

Edith Mary Tolkien, Lúthien
1889-1971

John Ronald Reuel Tolkien, Beren
1892-1973

Lúthien et Beren est l'une des rares histoires d'amour qu'il écrivit, la plus belle aussi. Il y est fait plusieurs fois référence dans les chants du *Seigneur des Anneaux*.

Après la disparition de son père, Christopher Tolkien veilla à la publication de ses derniers écrits inédits (*Silmarillion*, *Unfinished Tales* et les douze tomes de la série *History of Middle-Earth*, aussi appelés « HoME », qui tentent de restituer les inédits, notes, brouillons et différentes versions existant des créations de J.R.R. Tolkien), tâche qu'il poursuit encore aujourd'hui en autorisant la parution de l'abondante correspondance de Tolkien.

History of Middle-Earth : l'œuvre de Tolkien

L'univers conçu par J.R.R. Tolkien est ce qu'on appelle une uchronie, c'est-à-dire une histoire imaginaire de notre monde, ou plutôt une mythologie parallèle à la Terre que nous connaissons, dans un temps très reculé mais indéfini, s'inscrivant d'ailleurs très difficilement dans les repères chronologiques que nous utilisons couramment. En tant qu'auteur de Fantasy, Tolkien a à la fois créé de fond en comble un monde secondaire (mythes de la création originelle, religions, histoire, légendes, chronologie... et géographie)

3. Commander of the order of the British Empire (l'équivalent de la légion d'honneur).
4. *Faërie*, éd. Folio.

« Jamais est un mot trop long même pour moi »
(Sylvebarbe)

et utilisé un patrimoine culturel et « folklorique » qui imprègne l'inconscient collectif des peuples descendants des Indo-européens, tout particulièrement les éléments fondateurs des grandes légendes récurrentes qui se retrouvent en Scandinavie, Germanie, et terres anglo-saxonnes. Il expose notamment son point de vue sur la question dans son essai *On Fairy Stories*[4].

Ce monde secondaire se déroule pour la plus grande partie sur la Terre du Milieu, ou Middle-Earth, abondamment cartographiée et explorée tant historiquement que culturellement par son créateur.

L'œuvre de Tolkien se conçoit et s'aborde sous bien des angles, selon l'âge, le goût ou... le courage de ses lecteurs. Si l'on ne s'intéresse qu'aux titres les plus connus (et traduits), on voit se dégager quatre grands ensembles :

• les textes se voulant « bibliques »[5], et retraçant la genèse d'Arda (cf. page 62), et posant les jalons des grandes légendes qui hantent les autres textes. Dans cette catégorie se trouve sans doute le chef d'œuvre de Tolkien, et en tout cas celui qui lui était le plus cher : le *Silmarillion*, comportant 27 récits répartis en 4 parties (Ainulindalë, Valaquenta, Quenta Silmarillon, Akallabêth). Autour du *Silmarillion* gravitent d'innombrables autres textes, la plupart rassemblés laborieusement par le fils de l'auteur d'après ses notes dans les 12 volumes constituant les HoME (*History of Middle-Earth*) et les trois tomes des *Contes et Légendes Inachevées.*[6]

• les romans racontant la fin du grand conflit eschatologique qui constitue la trame de son œuvre : *Bilbo le Hobbit* (*The Hobbit*, 1937), et la trilogie du *Seigneur des Anneaux*.

• les recueils de poèmes, la plupart du temps fabriqués à partir des nombreux chants se trouvant dans les volumes précités, exception faite de *Les Aventures de Tom Bombadil* qui pourrait entrer dans la première catégorie. Les poésies tolkieniennes sont tantôt légères, d'un genre proche de la comptine, tantôt « cryptiques », tenant lieu d'énigmes ou ayant un rôle de transmission (l'histoire du monde, les grandes légendes transmises de bouche à oreille par des chants)

• les innombrables essais ayant ou non un rapport avec la Terre du Milieu (il s'agit souvent d'études réalisées par Tolkien dans le cadre de son professorat de philologie, linguistique et folklore scandinave). Les plus connus et les plus faciles à lire sont *Finn and Hengest, the fragment and the episode, Beowulf*, et *On Fairy Stories*.

5. Entre la *Bible* et *l'Edda* Scandinave (de la naissance au crépuscule des dieux).
6. Seuls 2 volumes ont été traduits en français : *Le Livre des Contes Perdus* 1 et 2
7. Hobbit : voir dossier page 54.

Tolkien et la Fantasy Épique

Lorsqu'il écrivit *Bilbo le Hobbit* (*The Hobbit*, 1937) Tolkien le concevait comme un conte pour enfant pour se distraire de ses cours de philologie. La même année, il publiait son passionnant (mais ardu) essai sur un poème épique anglo-saxon, *Beowulf*, et un autre, *Les monstres et les Critiques*. *Bilbo* est considéré comme la préface idéale au *Seigneur des Anneaux* qui en est le développement évident. Alors que le *Seigneur des Anneaux* peut se définir comme étant de la Fantasy Épique, *Bilbo* est davantage de la Fantasy Comique, ou Enfantine. Le petit hobbit[7] aventureux affronte toute sorte de monstres (dragon, trolls, orcs – ou goblins – et rencontre des personnages extraordinaires (elfes,...) que ceux de son peuple, qui ne quittent jamais leur « Comté », ne connaissent qu'en tant que légendes. Ainsi, comme nous le faisons en suivant ses aventures, Bilbo sort de la seule réalité qu'il connaît pour pénétrer dans une dimension où les mythes sont réels (et dangereux). Ce roman est drôle et léger, ce qui le fait contraster assez violemment avec l'ambiance « fin de millénaire » du *Seigneur des Anneaux*.

Le Seigneur des Anneaux n'a pas été écrit pour des enfants, et si le récit s'enchaîne directement sur la fin des tribulations de *Bilbo*, sa tonalité s'affirme rapidement comme plus grave et plus sombre. Tolkien a longuement expliqué dans sa correspondance qu'il a écrit ce roman pour exprimer son amour de la langue (des langues) et de l'épique. La traduction française ne rend pas justice à l'abondance des vocables en vieil anglais, des archaïsmes, des phrasés de type shakespeariens et des créations linguistiques de Tolkien (les langages elfiques, les langages nains, etc.)[8]. C'est une épopée, et le ton « archaïque », bien que largement allégé par rapport au *Silmarillion*, se veut évocateur de la nostalgie d'un passé glorieux ressentie par des personnages horrifiés par la fin des temps dont la forme, lumineuse ou ténébreuse, dépend d'eux.

Les mythes rapportés avec poésie et lyrisme dans le *Silmarillion* rappellent les odyssées antiques, avec cette distance, cette langue exceptionnelle qui s'aborde lentement pour pénétrer l'inconscient. Certes, le *Silmarillion* se lit plus difficilement que le *Seigneur des Anneaux*, mais une fois que l'on a réussi à s'immerger complètement dans ce monde et son histoire, dans sa « culture parallèle », lorsque l'on a franchi le cap et que, familiarisé avec les nombreux (trop, disent certains) personnages, on a enfin une vue d'ensemble sur l'impressionnante cohérence de l'œuvre et on ne peut plus s'en extraire.

8. Tolkien a réellement élaboré ces langues, ne se contentant pas d'inventer des mots en leur assignant une signification. Le langage elfique Quenya, par exemple, dispose d'une véritable grammaire et phonétique. Pour en savoir plus, voir page 89

LA FANTASY SELON NESTI'
FANTASY POLICIÈRE
Harmelinde et Deirdre
Nicolas Cluzeau
Une magicienne et sa fille enquêtent...
GRANDE SAGA
L'Échiquier d'Einär
Claire Panier-Alix
La Saga des chevaliers dragons...
FANTASY BURLESQUE
Quand les Dieux Buvaient...
Catherine Dufour
Tome 1: Blanche Neige et les lance-missiles
Tome 2: L'ivresse des Providers
Les contes de fées revisités par la Fantasy
STEAM PUNK
Jours de Colère
Thomas Hervet
Le poête Assassin et les fées...
FANTASY ORIENTALE
Étrangère
Didier Quesne
Une étrangère dans un monde étrange
HARMELINDE ET DEIRDRE
L'ÉCHIQUIER D'EINÄR
BLANCHE NEIGE ET LES LANCES-MISSILES
L'IVRESSE DES PROVIDERS
JOURS DE COLÈRE
ÉTRANGÈRE
Bon de Commande
à retourner accompagné du règlement* à NESTIVEQNEN - 127 rue Amelot - 75011 PARIS
Harmelinde et Deirdre - Nicolas Cluzeau .14,50 €
L'échiquier d'Einär - Claire Panier-Alix . . .23,80 €
Blanche Neige ... - Catherine Dufour . . .13,10 €
L'Ivresse des Providers - Catherine Dufour . .15,20 €
Jours de Colère - Thomas Hervet . . . . . . .13,10 €
Étrangère - Didier Quesne . . . . .17,70 €
Nom :
Prénom :
Adresse :
Signature :
* Etranger ajouter 1,5 € par titre pour frais de port. Règlement par mandat international ou Eurochèque

Bibliographie Actualisée*

par Claire Panier-Alix

« Ne vous mêlez pas des affaires des magiciens,
car ils sont subtils et prompts à la colère. » (Gildor)

En Version Originale :

A Middle English Vocabulary. The Clarendon Press, Oxford, 1922.

Sir Gawain & The Green Knight. Ed. J.R.R. Tolkien and E.V. Gordon. The Clarendon Press, Oxford, 1925.

Songs for the Philologists. Department of English, University College, London, 1936. (contient principalement des vers humoristiques en gothique, vieil anglais, etc., par J.R.R. Tolkien, E.V. Gordon...)

The Hobbit : or There and Back Again. George Allen and Unwin, London, 1937.

The Reeve's Tale. Ed. «J.R.R.T.», Oxford, 1939.

Sir Orfeo. The Academic Copying Office, Oxford, 1944. (version éditée anonymement par Tolkien lui-même).

Farmer Giles of Ham. George Allen and Unwin, London, 1949

The Fellowship of the Ring (*The Lord of the Rings*, I). George Allen and Unwin, London, 1954.

The Two Towers (*The Lord of the Rings,* II). George Allen and Unwin, London, 1954.

The Return of the King (*The Lord of the Rings,* III). George Allen and Unwin, London, 1955.

The Adventures of Tom Bombadil and Other Verses from the Red Book. George Allen and Unwin, London, 1962.

Ancrene Wisse : The English Text of the Ancrene Riwle. Early English Text Society, Original Series N° 249. Oxford University Press, London, 1962.

Tree and Leaf. George Allen and Unwin, London, 1964.

* par ordre chronologique de publication

The Tolkien Reader. Ballantine, New York, 1966. (dont *The Homecoming of Beorhtnoth Beorthelm's Son, Tree and Leaf, Farmer Giles of Ham* et *The Adventures of Tom Bombadil.*)

Smith of Wootton Major. George Allen and Unwin, London, 1967.

The Road Goes Ever On : A Song Cycle. Houghton Mifflin, Boston, 1967 ; George Allen and Unwin, London, 1968.

Bilbo's Last Song. Allen and Unwin, London, 1974.

Sir Gawain and the Green Knight, Pearl and Sir Orfeo. Ed. Christopher Tolkien. George Allen and Unwin, London, 1975.

The Father Christmas Letters. Ed. Baillie Tolkien. George Allen and Unwin, London, 1976.

The Silmarillion. Ed. Christopher Tolkien. George Allen and Unwin, London, 1977.

Pictures by J.R.R. Tolkien. Ed. Christopher Tolkien. George Allen and Unwin, London, 1979. (reproductions de la plupart des peintures de Tolkien publiées par Allen and Unwin pour les *Tolkien Calendars.*)

Poems and Stories. George Allen and Unwin, London, 1980.

Unfinished Tales of Numenor and Middle-earth. Ed. Christopher Tolkien. George Allen and Unwin, London, 1980.

Letters of J.R.R. Tolkien. Ed. Humphrey Carpenter with Christopher Tolkien. George Allen and Unwin, London, 1981.

The Old English 'Exodus'. Ed. Joan Turville-Petre. The Clarendon Press, Oxford, 1981.

Mr. Bliss. George Allen and Unwin, London, 1982.

Finn and Hengest : The Fragment and the Episode. Ed. Alan Bliss. George Allen and Unwin, London, 1982.

The Monsters and the Critics and Other Essays. Ed. Christopher Tolkien. George Allen and Unwin, London, 1983.

The History of Middle-earth (série rassemblée par Christophe Tolkien d'après les carnets de J.R.R. Tolkien, connue sous le nom de HOME) :

The Book of Lost Tales, Part I. Ed. Christopher Tolkien. George Allen and Unwin, London, 1983.

The Book of Lost Tales, Part II. Ed. Christopher Tolkien. George Allen and Unwin, London, 1984.

The Lays of Beleriand. Ed. Christopher Tolkien. George Allen and Unwin, London, 1985.

The Shaping of Middle-earth. Ed. Christopher Tolkien. George Allen and Unwin, London, 1986.

The Lost Road and Other Writings. Ed. Christopher Tolkien. Unwin Hyman, London, 1987.

The Return of the Shadow. Ed. Christopher Tolkien. Unwin Hyman, London, 1988.

The Treason of Isengard. Ed. Christopher Tolkien. Unwin Hyman, London, 1989.

The War of the Ring. Ed. Christopher Tolkien. Unwin Hyman, London, 1990.

Sauron Defeated. Ed. Christopher Tolkien. HarperCollins, London, 1992.

Morgoth's Ring. Ed. Christopher Tolkien. HarperCollins, London, 1993.

The War of the Jewels. Ed. Christopher Tolkien. HarperCollins, London, 1994.

The Peoples of Middle-earth. Ed. Christopher Tolkien. HarperCollins, London, 1996.

Roverandum. Ed. Christina Scull and Wayne G. Hammond. HarperCollins Publishers, London, 1998.

Concernant les langues inventées par Tolkien :

I.Lam na.Goldogrin : The Grammar and Lexicon of The Gnomish Tongue. Ed. Christopher Gilson, Patrick Wynne, Arden R. Smith and Carl F. Hostetter. *Parma Eldalamberon* 11, Walnut Creek, CA, 1995.

Qenyaqetsa : The Qenya Phonology and Lexicon together with The Poetic and Mythologic Words of Eldarissa. Ed. Christopher Gilson, Carl F. Hostetter, Patrick Wynne and Arden R. Smith. *Parma Eldalamberon* 12, Cupertino, CA, 1998.

From Quendi and Eldar, Appendix D. [contenant *Kwen, Quenya, and the Elvish (especially Ñoldorin) words for Language*, omis dans Morgoth's Ring]. Ed. Carl F. Hostetter. *Vinyar Tengwar* 39, Crofton, MD, July 1998.

Ósanwe-kenta : «Enquiry into the Communication of Thought ». Ed. Carl F. Hostetter. *Vinyar Tengwar* 39, Crofton, MD, July 1998.

Disponibles en français :

Les Aventures de Tom Bombadil (édition bilingue). Christian Bourgois Éditeur, 1975 (disponible, 10/18, 1978).

Bilbo Le Hobbit. Stock, 1969 ; Christian Bourgois Éditeur, 1992 (disponible, Presses Pocket et J'ai Lu).

Contes et Légendes Inachevés. Christian Bourgois Éditeur, 1982 (réed. 1993) ; Presses Pocket, 1988.

Ferrand de Bourg-aux-Bois. Christian Bourgois Éditeur (Presses Pocket), bilingue.

Faërie. Christian Bourgois Éditeur, 1974 ; Presses Pocket, 1992.

Le Livre des Contes Perdus, I et II. Christian Bourgois Éditeur, 1995 (t. 1) et 1998 (t. 2).

Le Seigneur des Anneaux (rassemblant les tomes I, II, III, appendices et annexes). Christian Bourgois Éditeur, 1995 (première édition française : 1972).

Le Seigneur des Anneaux, volumes séparés : (Christian Bourgois Éditeur, 1972 ; Presses Pocket, 1986) :

- ***La Fraternité de l'Anneau,*** 1972
- ***Les Deux Tours,*** 1972
- ***Le Retour du Roi***, 1973
- ***Appendices et annexes,*** 1986

Le Silmarillion. Christian Bourgois Éditeur, 1978 (réed. 1993) ; Presses Pocket, 1984

Les Lettres du Père Noël. Christian Bourgois Éditeur.

Roverandom. Christian Bourgois Éditeur, 1999.

Les cartes peintes par John Howe (textes de Brian Sibley) sont disponibles en France :

La Carte de la Terre du Milieu de Tolkien. Christian Bourgois Éditeur, 1995 (1994 pour l'édition anglaise HarperCollins Publishers).

La Carte du Hobbit : Nouvel Aller-Retour. Christian Bourgois Éditeur, 1996 (1995 pour l'édition anglaise HarperCollins Publishers).

Bibliographie sur Tolkien*

par Claire Panier-Alix

« Et il est également dit :
n'allez pas demander conseil aux Elfes, car leur réponse
sera en même temps non et oui. » (Frodo)

Biographies ou éléments biographiques :

J.R.R. Tolkien : a biography, par Carpenter, Humprey. Ballantine publisher, 1977.

The Tolkien Family Album, par Tolkien, Priscilla & John. Houghton Mifflin, 1992.

The Letters of J.R.R. Tolkien, par Tolkien, J.R.R. Houghton Mifflin, rééd. 2000 (avec index rev.) : à mon avis, si on doit avoir un ouvrage pour comprendre les œuvres de J.R.R. Tolkien, c'est celui-ci. L'auteur n'a cessé de s'interroger sur son propre travail, et cette correspondance avec des amis, des lecteurs, des journaux et sa famille, donne un éclairage passionnant sur son univers et sa conception des choses.

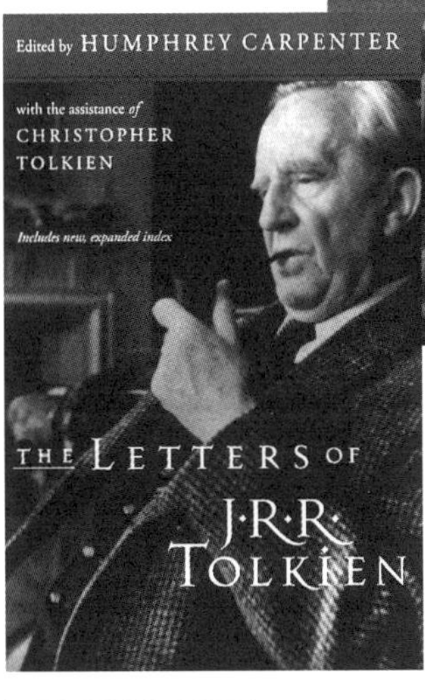

The Letters of Father Christmas, par Tolkien, J.R.R. Houghton Mifflin, rééd. 1999 (lettres adressées à ses enfants racontant des histoires du Pôle Nord)

Études littéraires sur son œuvre :

An extrapolation on The Silmarillion, par Allen, Jim.

Amon Hen (bulletin bi-mensuel de la Tolkien Society. ISSN 0306-8781)

* complétant la bibliographie parue dans Faeries n°1

The Tolkien Quiz Book, par Andrews & Zuber.

Good and Evil in The Lord of The Rings, par Auden, W.H.

A Tolkien Treasury, par Becker, Alida.

Modern critical interpretations : Tolkien's Lord of the Rings, sous la direction de Bloom, Harold, Chelsea House Publishers, 2000.

Tolkien, les univers d'un magicien, par Bonnal, Nicolas. Les Belles Lettres, 1998. (Essai de vulgarisation à mon avis peu convaincant, parfois erroné, reprenant souvent des extraits d'ouvrages érudits qui se trouvent dans cette bibliographie, sans les citer).

J.R.R. Tolkien, par Crabbes, Katharyn F. Ungar, 1981 (réed. 1988).

Defending Middle-earth, Tolkien : myth and modernity, par Curry, Patrick. St. Martin's Press, NY, 1997. (Curry s'interroge : pourquoi une œuvre plébiscitée partout dans le monde continue d'essuyer des critiques hostiles et péjoratives. Sa réponse : parce que Tolkien s'oppose ouvertement à un monde où modernité se résume à la violence du pouvoir du capital et de la technologie. Très intéressante analyse).

L'anneau de Tolkien, par Day, David. Christian Bourgois Éditeur.

Tolkien, the illustrated encyclopædia, par Day, David. Collier Books, 1997.

J.R.R. Tolkien : writer for the 70's, par Evans, Robley.

Tolkien, sur les rivages de la terre du milieu, par Ferré, Vincent. Christian Bourgois Éditeur, 2001. (Une tentative fort réussie pour ouvrir les portes de la Terre du Milieu au grand public qui croit souvent à tort que les récits de Tolkien sont réservés aux enfants ou aux seuls initiés. V. Ferré explore ici personnages, géographie, rapport avec la fantasy, élaboration de l'œuvre, mais surtout il montre l'un des aspects essentiels du *Seigneur des Anneaux* : le rapport à la Mort, à l'immortalité).

Tolkien's Legendarium : Essays on the History of Middle-earth, par Flieger V. & Hostetter Carl F. (Contributions à *the Study of Science Fiction and Fantasy*, N° 86). Édité par les auteurs, 2000. (Ces essais sont riches en complexité et détails, idéals pour ceux qui étudient Tolkien : ils explorent l'his-

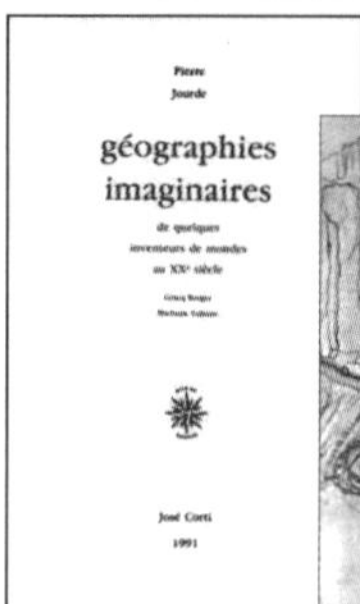

toire de la terre du Milieu, la conception des langues elfiques, la structure des vers dans ces langues inventées, et la poésie lyrique de Tolkien. Accessible aux adolescents).

A question of time : J.R.R. Tolkien's road to Faërie, par Flieger, Verlyn. Kent State University Press, 1997. (Un essai très intéressant sur la place du Temps (et du voyage dans le temps) et du Rêve dans l'œuvre de Tolkien. Un index très utile, une analyse rigoureuse et une bibliographie solide.) V. Flieger est professeur d'anglais à l'université du Maryland, et elle est aussi connue pour son ouvrage de référence : *Splintered Light : logos and laguage in Tolkien's World.*

The complete guide to Middle-earth : from The Hobbit to The Silmarillion, par Foster, Robert. Ballantine Books, 1990. (Un dictionnaire très utile de tous les noms de lieux et de personnages, et termes propres à Tolkien, avec, pour chaque article les références et pages pour retrouver les passages où sont évoqués les noms).

The four-part structure of Bilbo's education, par Green, W.H.

Myth, magic and meaning in Tolkien's world, par Helms, Randal.

Tolkien's World, par Helms, Randal. Houghton Mifflin, Boston, 1981.

Tolkien and the critics, par Isaacs & Zimardo.

Géographies imaginaires de quelques inventeurs de mondes au XXe siècle : Gracq, Borges, Michaux, Tolkien, par Jourde, Pierre. José Corti, Paris, 1991.

Tolkien en France, sous la direction de Kloczko, Edouard J. Arda, 1998. (Compilation d'essais très intéressants explorant les différentes facettes de l'œuvre de J.R.R. Tolkien : aspects religieux, géographiques, mythologiques, poétiques ou philologiques).

Master of Middle-earth par Kocher, Paul. Houghton Mifflin, 1972.

Master of Middle-earth – the achievment of J.R.R. Tolkien, par Kocher, Paul.

Les clés de l'œuvre de J.R.R. Tolkien : Le royaume de la Terre du Milieu [*Master of Middle-earth : The Fiction of J.R.R. Tolkien* (1972)], par Kocher, Paul. Traduit de l'anglais par Pierre Crepon. Retz, Paris, 1981.

La feuille de la Compagnie, vol. 1 (revue d'études érudites dirigée par l'association *La Compagnie de la Comté*). Éditions de l'œil du Sphinx, 2001. (Avec, notamment, un article passionnant de Tom A. Shippey sur le livre de Curry : defending Middle-earth, et une étude de Michaël Devaux sur la Mort dans l'œuvre de Tolkien, un corrigenda au *Livre des Contes Perdus*, des dossiers sur Dior et les siens, la disparition des Géants, et des comptes rendus analytiques d'ouvrages parus sur Tolkien et son œuvre…).

Ne le dites pas aux Grands, par Lurie, Alison. Essai de littérature enfantine [*Don't Tell the Grown-ups* (1990)]. Traduit de l'anglais par Monique Chassagnol. Rivages, Paris, 1991. (Voir surtout le Chapitre 13, Des héros pour notre époque, J.R.R. Tolkien et T. H. White).

Mallorn (journal annuel de la Tolkien Society. ISSN 0308-6674).

Mifflin Co, 2000 (précédente éd. Chez HarperCollins publishers, 1995)

Evocation of Virgil in Tolkien's art : Geritol for the classics, par Morse, Robert E.

The Mythology of Middle-earth, par Noel, Ruth S. Houghton Mifflin.

(Ruth S. Noel est aussi connue sous le nom de Atanielle Annyn Noël).

Tolkien : a celebration, sous la direction de Pearce, Joseph, (collected writings on a literary legacy). Fount (HarperCollins), 1999. (Une compilation d'articles explorant notamment les rapports de l'œuvre de Tolkien avec le Christianisme, l'héroïsme chrétien traditionnel, la modernité de la Terre du Milieu, la Réalité dans la fantasy, l'œuvre de J.R.R. Tolkien comme mythologie pour l'Angleterre, le rapport du Temps dans l'œuvre, l'esclavage, racines de l'œuvre, la passion chez Tolkien, les Inklings, l'amitié de Tolkien et de C.S. Lewis).

Proceedings of the Tolkien Centenary Conference, the Mythopoeic Society, 1992. (Publication de la Tolkien Society ; l'édition signalée ici est l'édition américaine).

Understanding Tolkien and The Lord of The Rings, par Ready, William Bernard, 1959 (épuisé).

J.R.R. Tolkien, par Rogers, Deborah & Ivor. Hippocrene, 1982.

J.R.R. Tolkien : the author of the century, par Shippey, Tom A. HarperCollins, 2001.

The Road to Middle-earth : how J.R.R. Tolkien created a new mythology, par Shippey, Tom A., Houghton Mifflin, 1982. (Ouvrage que je conseille, et qui essaie de décrypter l'élaboration de l'œuvre par l'auteur. Notes et index très bien faits. Un must ! si on ne doit en avoir que quatre, il faut *The Letters of J.R.R. Tolkien*, l'Atlas de Fonstad (voir ci-dessous) et les deux ouvrages de Shippey !)

The History of The Lord of The Rings, par Tolkien, Christopher. HarperCollins, 2001. (En combinant la vision unique de son père avec sa propre compréhension privilégiée de cet univers créatif, Christopher Tolkien nous propose un commentaire analytique passionnant. Réunis en quatre volumes, cet ouvrage trouvera tout naturellement sa place dans la bibliothèque des amateurs de Tolkien. Christopher Tolkien, qui a autrefois enseigné à l'Université d'Oxford, est l'exécuteur littéraire de son père. On lui doit la rédaction du *Silmarillion* et des *Contes Inachevés* aussi bien que la série en douze volumes des *History of Middle-earth*, autant d'ouvrages réunis au prix d'un travail colossal à partir des notes laissées par J.R.R. Tolkien. Christopher vit en France et collabore plus qu'activement aux traductions des textes de son père. Nous espérons tous qu'il participera un jour prochain à une nouvelle traduction, plus fidèle, du *Seigneur des Anneaux* et du *Silmarillion* !)

Les faiseurs d'univers : La science-fiction aujourd'hui [*The Universe Makers* (1971)], par Wollheim, Donald A[llen]. Traduit de l'anglais par Pierre Versins. Robert Laffont, Paris, 1982. (Voir surtout le Chapitre 25, Pourquoi vit Frodo.)

Sur la création d'un monde imaginaire :

An introduction to Elvish, par Allan, Jim. ed. Bran's Head, 1978.

The J.R.R. Tolkien handbook, par Duriez, Colin. Baker Books, 1992.

The Atlas of Middle-earth, par Fonstad, Karen Wynn. Houghton Mifflin, 1981 (rééd. 1991).

The complete guide to Middle-earth : from The Hobbit to the Silmarillion, par Foster, Robert. Ballantine Books, 1990. (Un dictionnaire très utile de tous les noms de lieux et de personnages, et termes propres à Tolkien, avec pour chaque article les références et pages pour retrouver les passages où sont évoqués les noms.)

Journeys of Frodo : an atlas of J.R.R. Tolkien's The Lord of the Rings, par Strachey, Barbara. Acacia Press, Inc., 1992. (Précédente éd. Unwin Paperbacks, 1984). (Une collection comportant plus de cinquante cartes explorant la Terre du Milieu, chaque carte étant accompagnée de références concernant les travaux de Tolkien).

Tolkien peintre :

J.R.R. Tolkien : artist & illustrator, par Hammond, Wayne & Scull. Houghton Mifflin.

Pictures by J.R.R. Tolkien. Houghton Mifflin, réed. 1992.

Bibliographies exhaustives :

J.R.R. Tolkien, a descriptive bibliography, par Hammond & Anderson. Oak Knoll Books, 1993.

Tolkienbibliografi 1911-1980 : verk av och om J.R.R. Tolkien 2, par Jonsson, Ake.

Tolkien criticism : an annotated checklist, par West, Richard C. Kent State University Press, 1970 (réed. 1981).

Sur les langues inventées par Tolkien :

Splintered Light : logos and laguage in Tolkien's World, par Flieger, Verlyn.

Dictionnaire des langues elfiques, vol.1, par Kloczko, Edouard J. Tamise éditeur, 1995.

The languages of Tolkien's Middle-earth : a complete guide to all 14 of the languages Tolkien invented, par Noel, Ruth S. Houghton Mifflin, 1974 (réed. 1980). (Contient un dictionnaire des mots non anglais, un glossaire anglais-elfique, les règles de grammaire et de prononciation, ainsi que de traduction, les alphabets elfiques et les runes).

Tolkien's Legendarium : Essays on the History of Middle-earth, par Flieger V. & Hostetter Carl F. (contributions à *the Study of Science Fiction and Fantasy*, N° 86). Édité par les auteurs, 2000.

Encyclopædia Tolkienicus

La Création

Dirigé par J.R. Lecocq

« Dans le doute un homme de valeur s'en remet à sa propre sagesse » (Hama)

Conscients que cette encyclopédie est loin d'être exhaustive (est-il nécessaire de rappeler que les travaux de Tolkien sont immenses ?), elle vous permettra tout de même de vous familiariser ou de redécouvrir les principaux protagonistes de son œuvre. Les personnages, les lieux, les histoires… étant imbriqués dans une même œuvre colossale, nous avons tâché de vous faire savourer les liens qu'entretiennent chaque élément entre eux, au sein d'une histoire commune.
Pour les références géographiques inclues dans ce dossier (royaumes, régions, monts, villes…), nous vous conseillons de vous reporter aux cartes de Tolkien que vous trouverez dans Le Seigneur des Anneaux.

Eru Ilúvatar : le Dieu Créateur

Demeurant seul dans les Halls Intemporels, Ilúvatar créa les Ainur avec la Flamme Impérissable de son esprit, et leur révéla à chacun une partie de son esprit. Souhaitant leur donner une compréhension plus complète, il révéla aux Ainur les trois grands thèmes de l'Ainulindalë. Mais certaines choses restèrent cachées des Ainur, comme la création des Elfes et des Hommes, la destinée des Hommes ou la Fin du Monde.

Ilúvatar n'est intervenu que deux fois dans l'histoire d'Eä : pour sanctifier la création des Nains par Aulë, et, à la demande des Valar, pour changer la morphologie d'Arda quand les Númenoréens (voir page 46) accostèrent à Aman, à la fin du Second Âge[1] : il engloutit Númenor sous les flots et sépara le continent d'Aman des Cercles du Monde.

LES ENFANTS D'ILÚVATAR

Les Enfants d'Ilúvatar sont les Elfes et les Hommes, conçus par Ilúvatar dans le troisième thème de l'Ainulindalë. Émus par leur beauté, beaucoup parmi les Ainur descendirent dans le Monde et façonnèrent Arda pour que la Terre soit prête à recevoir les Premiers Nés, puis les Successeurs. Les Enfants d'Ilúvatar furent le principal objet de la lutte entre les Valar et Melkor, qui voulait faire d'Arda son royaume et des Enfants ses serviteurs.

La géographie d'Arda

Créée par l'Ainulindalë, Arda est la Terre, la maison des Enfants d'Ilúvatar. La forme d'Arda a considérablement changé au

1. C'est volontairement que nous avons utilisé le terme « Second Âge » au lieu de « Deuxième Âge », ceci afin de nous conformer aux traductions françaises.

L'Ainulindalë : le chant créateur

À travers l'Ainulindalë, Ilúvatar créa par un chant une Vision du Monde qu'il montra aux Ainur et leur expliqua une grande partie de sa nature et de sa destinée. Ainsi, les Ainur avaient de grandes connaissances du Monde, mais ils n'étaient pas omniscients. Ensuite, Ilúvatar donna vie au Monde. Melkor et d'autres Ainur ont désiré y descendre et le préparer pour la venue des Enfants d'Ilúvatar (les Elfes et les Hommes).

cours des siècles, principalement à cause de la lutte entre Melkor, qui désirait en être le maître, et les Valar. Sa jeunesse fut ainsi extrêmement tourmentée.

Encerclée par l'Ekkaia, la Mer Extérieure, elle était plate à l'origine et ne comportait qu'un seul continent, au centre duquel demeuraient les Valar et Melkor, dans sa forteresse d'Utumno. Son assaut contre les deux grands piliers de lumière, Illuin et Ormal, fut l'un des premiers bouleversements, créant océans et montagnes. Les Valar se réfugièrent en Aman, à l'ouest de la Grande Mer, derrière les Pelóri (voir encart page 31), les plus hautes montagnes d'Arda, abandonnant la Terre du Milieu.

L'éveil des Elfes motiva les Valar à entrer en guerre contre Melkor et là encore, la géographie d'Arda se modifia considérablement, donnant à la Terre du Milieu, le continent central, la forme qu'on lui connut à la fin des Années des Arbres et au cours du Premier Âge. Mais au terme de cet Âge, la Guerre de la Colère altéra une nouvelle fois le relief, et la majeure partie occidentale de la Terre du Milieu, dont principalement le Beleriand, fut engloutie.

Au début du Second Âge, une grande île, Númenor, émergea au milieu de la Mer et fut donnée en récompense aux Hommes fidèles aux Elfes. À la fin de cet Âge, l'invasion d'Aman par les Númenoréens fut à l'origine de l'ultime changement majeur d'Arda : Ilúvatar engloutit Númenor sous les eaux, le continent d'Aman fut retiré des cercles du Monde, accessible seulement par les Elfes et leurs bateaux magiques. La Terre prit alors la forme sphérique telle que nous la connaissons aujourd'hui.

Les Ainur : les Anges

Les Ainur sont les esprits primordiaux qui ont existé avec Ilúvatar et avec qui ils ont créé le Monde grâce à la Musique des Ainur, l'Ainulindalë. Après la création d'Arda, beaucoup d'Ainur y descendirent afin de guider et ordonner sa croissance; parmi ceux-ci, il y avait les quinze plus puissants. Quatorze devinrent les Valar. Le quinzième, Melkor, se détourna du chemin et devint le premier Seigneur Sombre. Les autres Ainur qui ont accompagné les Valar sont nommés Maiar.

Les Ainur étaient les premiers et les plus puissants êtres créés par Ilúvatar dans les profondeurs du temps avant la création du Monde. Les Ainur étaient issus de la pensée d'Ilúvatar et à chacun n'a été donnée que la compréhension de la partie de l'esprit d'Ilúvatar d'où ils provenaient. La seule exception était Melkor, le plus grand des Ainur, qui avait une partie de chaque don des autres.

Les Valar

Les Valar étaient à l'origine les plus grands des Ainur qui ont été les témoins de la Vision d'Ilúvatar et qui sont descendus sur Eä pour concrétiser la Vision et créer Arda. Il semble qu'au tout début du Monde, les quatre plus puissants esprits y soient venus : Manwë, Ulmo et Aulë afin de le préparer pour la venue des Enfants d'Ilúvatar, et Melkor pour le revendiquer comme son propre fief. Il y avait des conflits entre Manwë et Melkor, et Manwë appela plusieurs autres Ainur pour l'aider dans sa lutte. Parmi ceux-ci figuraient les autres Valar et les Maiar.

Comme les Elfes, les Valar qui ont choisi d'entrer dans le Monde à son début y sont liés jusqu'à ce qu'il atteigne sa fin prévue ; ils ne peuvent pas retourner dans l'Espace Intemporel d'Ilúvatar.

En tant qu'esprits, les Valar n'ont pas de forme physique prédéfinie, bien qu'ils prirent souvent la forme des Enfants d'Ilúvatar. Ils pouvaient également prendre l'apparence qu'ils souhaitaient, ou voyager invisibles et sans corps à travers Arda.

Manwë – Seigneur des Airs

Le premier des Valar est Manwë Súlimo. Il vit avec Varda sur le Taniquetil, la plus haute montagne d'Arda. Il est le Seigneur des Vents et le Roi. Arda tout entière est son domaine, mais sa préférence va aux éléments de l'air. Il trône vêtu d'azur, le Sceptre de Saphir dans la main, et voit le Monde entier sous le ciel. Les turbulences de l'air sont le reflet de ses pensées, sa colère est la tempête qui fait trembler la roche et qui peut même détruire les montagnes. Il est le souffle de la Terre et des habitants d'Arda. La parole et le son font partie de son élément, et les arts qu'il préfère sont la chanson et la poésie, c'est pourquoi il apprécie plus particulièrement les Elfes Vanyar.

Manwë est l'Ainur le plus cher à Ilúvatar et celui qui peut comprendre le mieux sa volonté et ses pensées. Sage et empli de compassion, Manwë ne comprend pas le mal, ce qui explique qu'il ait été abusé lorsqu'il libéra Melkor de ses chaînes, permettant ainsi la gloire et la tragédie des guerres des Elfes et des Hommes contre les Ténèbres.

Ulmo – Seigneur des Eaux

Le Vala le plus puissant après Manwë est Ulmo, dont l'élément est l'eau. Il est le Seigneur de l'Océan, que tous les marins connaissent et que les Nains et les Orcs craignent. La plupart du temps, il est immense et sans forme dans son monde aquatique profond, mais sa venue est comme une très grande vague sur la côte. Son casque est crénelé comme une vague et sa cotte de maille est faite d'argent et d'émeraude. Quand il parle, sa voix est aussi profonde que les profondeurs insondables de la mer mais peut aussi être douce et agréable, belle et pleine de tristesse.

Sa forme n'est pas toujours effrayante, bien qu'il n'apparaisse pas toujours comme le Seigneur de l'Océan, car il est l'eau dans toutes ses formes : des pluies de printemps aux fontaines, des torrents mouvementés aux rivières sinueuses. Ulmo se déplace partout dans le Monde et tout ce que l'eau peut apprendre, sur la rive ou en pleine mer, est su par son seigneur.

Aulë – Seigneur des Terres

L'époux de Yavanna, avec laquelle il partage les éléments de la Terre, est

Aulë le Forgeron, le Créateur des Montagnes, maître de tous les artisans, du métal et des pierres précieuses. Il est appelé Mahal par les Nains, car il est la Puissance qui a créé ce peuple à partir de la terre et de la pierre (voir page 49). Malgré leur imperfection, les Nains sont forts et tenaces comme la pierre et aiment tout ce qui touche leur seigneur.

Aulë est aussi l'ami et le tuteur des Elfes Noldor, qui ont les premiers taillé les gemmes et excellé dans la construction de tours et de cités de pierre blanche. Ils venaient souvent dans ses demeures, creusant profondément les montagnes de Valinor et apprenant beaucoup de ses talents.

La plus grande œuvre qu'il ait entreprise aux débuts du Monde a été la création des formes de la Terre elle-même.

Melkor – Morgoth

Melkor fut un Vala de la même puissance que Manwë, bien qu'il prétendît être plus puissant que tous les Valar. En plus de détruire toutes les créations des Valar, Melkor convoita Arda dès sa création. Les Valar s'y opposèrent et il se retrancha dans sa sombre forteresse d'Utumno afin de contrecarrer leurs projets.

Mais le jour où Tulkas vint aider les Valar à combattre Melkor, celui-ci dut fuir devant le guerrier au rire terrible et se réfugia dans les sphères extérieures d'Eä pour attendre son heure. Il revint alors que les Valar se reposaient et festoyaient, et se rendit à nouveau dans sa sombre demeure. Très vite, les Valar constatèrent que les plantes commençaient à pourrir et ils surent que le pouvoir sombre de Melkor était de nouveau à l'œuvre. Ils eurent beau le chercher, ils ne le trouvèrent point. Melkor en profita pour porter le premier coup et détruisit les Lampes des Valar. Dans le désordre qui s'en suivit, Melkor prit refuge à Utumno et les Valar furent impuissants devant ses défenses.

Leur première demeure étant détruite, ils s'établirent en Aman. Ils restèrent longtemps en ce lieu, impuissants contre Melkor, à reconstruire ce qu'il

Les Deux Arbres

Les Deux Arbres sont nés sur la colline d'Ezellohar en Valinor, de la complainte de Yavanna pleurant les créations détruites par Melkor. Chacun des Arbres inonda le Monde de sa lumière en suivant son propre cycle, et les Valar commencèrent à compter les années de leur règne. Les Deux Arbres avaient pour nom Telperion et Laurelin.

Lors de la fête de la récolte des fruits qui rassemblait tous les habitants de Valinor sur le Taniquetil, Melkor se dirigea vers Ezellohar en compagnie d'Ungoliant. Il blessa profondément chacun des Deux Arbres et Ungoliant s'abreuva de leur sève tout en les desséchant par son poison. La lumière des Deux Arbres disparut, n'existant plus qu'à l'intérieur des Silmarils forgés par Fëanor.

Pourtant, grâce au chant implorant de Yavanna et aux pleurs de Nienna, les Deux Arbres finirent par donner une fleur et un fruit avant de mourir. Sanctifiés par Manwë, déposés dans des vaisseaux construits par Aulë et confiés à Varda, la fleur et le fruit devinrent la Lune et le Soleil. Quant aux Deux Arbres, leurs troncs sans vie se dressent encore au-dessus de Valinor.

« Les hommes morts ne sont pas des amis pour les hommes vivants, et ils ne leur offrent pas de présents. »
(Ghân-buri-Ghân)

avait détruit. Melkor en profita pour construire une seconde forteresse, Angband, commandée par son lieutenant, Sauron. Mais lorsque les Valar apprirent que les Elfes étaient enfin éveillés, ils se préparèrent à combattre Melkor avec plus de force et de colère que jamais.

Le siège d'Utumno fut long, et sanglantes furent les batailles devant ses portes. Mais après maints assauts, les portes d'Utumno furent enfin forcées et Tulkas affronta Melkor pour l'enchaîner. Malheureusement, les Valar négligèrent de fouiller Utumno de fond en comble et nombreux furent les Balrogs qui survécurent à sa destruction.

À partir de ce jour, Arda connut une longue période de paix. Mais lorsque l'emprisonnement de Melkor prit fin, il promit de ne plus faire le mal et les Valar lui firent confiance. Mais Melkor recommença à semer la discorde et créa des conflits parmi les Eldar. Une fois de plus, Melkor choisit un jour de fête pour s'attaquer aux Valar et plus particulièrement aux Arbres de Valinor. En compagnie d'Ungoliant, il fendit le tronc des Deux Arbres et Ungoliant en but la sève ; son venin tout puissant les tua instantanément.

Une fois que la lumière des Deux Arbres et les réserves de leur rosée furent bues par Ungoliant et que l'obscurité tomba sur Valinor, Melkor se rendit sous un voile de ténèbres tissé par Ungoliant à Formenos, la demeure d'exil de Fëanor (voir page 34), où seul Finwë fit obstacle à Melkor et fut le premier des Eldar à mourir à Valinor. Melkor vola les Silmarils et s'enfuit vers le nord pour traverser le détroit semé de glace qui relie Aman à la Terre du Milieu. Mais au nord d'Angband, Ungoliant sentit que Melkor allait la trahir, elle demanda donc les Silmarils, mais Melkor le lui refusa. Elle essaya alors d'étrangler Melkor qui poussa un cri si puissant que même les Balrogs, au fond des cavernes d'Angband l'entendirent et vinrent à son secours. Devant les épées et les fouets ardents des Balrogs, Ungoliant battit en retraite. À partir de ce moment, Melkor fut dénommé Morgoth, le Noir Ennemi, car il perdit ses droits de Vala.

LES SILMARILS

Les Silmarils sont trois joyaux créés par Fëanor juste avant la destruction des Deux Arbres de Valinor et qui donnent la même lumière que ceux-ci. Le Silmarillion relate les légendes des Temps Très Anciens (le Premier Âge) où le premier prince de la Nuit, Morgoth, se trouvait encore sur les Terres du Milieu, et où les Elfes lui faisaient la guerre pour lui reprendre ces Silmarils.

C'est Fëanor qui donna le nom de Morgoth à Melkor, après que celui-ci eut essayé de voler les Silmarils et s'enfuit à Angband, au nord du Beleriand. Fëanor incita alors son peuple, les Noldor, à quitter Valinor et à retourner en Terre du Milieu pour se battre contre Morgoth et récupérer les trésors volés. Durant tout le Premier Âge, les Hommes et les Elfes se sont battus contre Morgoth, ses hordes d'Orcs, ses Dragons et toutes les créatures mauvaises créées par lui pour rendre la vie des habitants de Beleriand plus difficile et s'assurer de la victoire au cours des Guerres du Beleriand.

À la fin du Premier Âge, les Valar, à l'appel d'Eärendil, se rendirent compte que Morgoth était devenu trop dangereux pour Arda et lui firent la guerre en compagnie des Elfes lors de la terrible Guerre de la Colère. Une fois Morgoth capturé, les Valar le jetèrent en dehors des Cercles du Monde pour qu'il ne revienne jamais. Mais les mauvaises graines que Morgoth avait plantées ne se détruisirent pas facilement et elles germèrent sous l'égide de son fidèle lieutenant, Sauron.

Les Maiar

Les Maiar sont des Ainur qui étaient entrés dans le Monde avec les Valar. Bien plus nombreux mais moins puissants, chaque Maia était au service d'un Vala particulier, comme Ossë, seigneur des mers et serviteur d'Ulmo, ou Eönwë, le héraut de Manwë. Faisaient aussi partie des Maiar les cinq Sorciers envoyés en Terre du Milieu vers l'an 1000 du Troisième Âge : les Istari (comme Gandalf ou Saroumane). Certains Maiar furent séduits par Melkor et entrèrent dans le monde des Ténèbres, comme Sauron ou les Balrogs.

Arien – le Soleil

Arien est une jeune Maia au service de Vána. Esprit du feu, elle n'est pas corrompue par Melkor au temps de la création du Monde. Chargée d'entretenir les jardins de Vána, elle est ensuite choisie par les Valar pour conduire le vaisseau du Soleil après la destruction des Deux Arbres. Ses yeux brillent d'un éclat insoutenable et, en quittant son vêtement de chair, elle devient une flamme nue, terrible et splendide.

Tilion – la Lune

Tilion est un Maia au service d'Oromë. En raison de son amour pour les Fleurs Argentées du Telperion (voir encart page 27), il est désigné par les Valar pour guider l'île de la Lune. Au caractère rêveur, attiré par l'éclat d'Arien, Tilion fait suivre à la Lune une course incertaine, allant parfois jusqu'à éclipser le Soleil de son ombre.

Il fut attaqué par des serviteurs de Melkor, et le combat qui s'en suivit troubla un temps le domaine des étoiles, mais Tilion finit par en sortir victorieux, ne fut plus jamais inquiété et put prendre une course régulière.

Les Balrogs – Démons du Feu

Les Balrogs sont des Maiar qui se sont rebellés avec Melkor. Après Sauron, ce sont les plus puissants de ses serviteurs, avec leur seigneur Gothmog.

Ce sont des esprits de feu entourés de ténèbres, portant des épées et des fouets enflammés. Les Balrogs ont très souvent combattu au cours des Guerres du Beleriand, mais la majorité d'entre eux a péri à la fin du Premier Âge, lors de la Guerre de la Colère, et les rares survivants se sont cachés profondément sous terre.

Aman : le Pays Béni

Valinor – le Pays des Valar

Valinor est le pays des Valar sur le continent d'Aman qu'ils ont créé après la destruction de leur première terre. Il est protégé au nord, à l'est et au sud par les plus hautes montagnes d'Arda, les Pelóri. Tous les Valar résident à Valinor (à l'exception d'Ulmo) : à l'ouest sont Mandos, Vairë et Nienna ; au sud, Oromë, Vána et Yavanna ; au centre,

Aulë, Tulkas et Lórien ; au sommet du Taniquetil, Manwë et Varda. C'est aussi en ce pays que les Deux Arbres répandaient leur lumière sacrée, jusqu'à leur empoisonnement. Après la submersion de Númenor (voir page 46) à la fin du Second Âge, quand Aman fut retiré des Cercles du Monde, Valinor ne pouvait être atteint que par les navires magiques des Elfes.

Les Pelóri

Les Pelóri sont la chaîne de montagnes en forme de croissant qui encercle presque Valinor, en Aman, au nord, à l'ouest et au sud. Érigés par les Valar pour se protéger de Melkor, leur hauteur fut encore augmentée après la destruction des Deux Arbres. La seule percée dans ces monts, les plus hauts d'Arda, est appelée Calacirya, elle permettait à la lumière des Deux Arbres d'éclairer l'est et Tol Eressëa.

Tirion la Blanche

Tirion est la première des cités construites par les Elfes d'Aman. Elle se dressait au sommet de la colline de Túna élevée dans la brèche au sein de la chaîne des Pelóri. La ville possédait des murailles d'albâtre et des marches de cristal. Elle baignait à l'ouest dans la lumière des Deux Arbres et regardait à l'est l'océan et la lumière des étoiles.

Tirion accueillit au départ tant les elfes Noldor que les Vanyar, mais ces derniers la désertèrent peu à peu pour s'établir à l'intérieur même de Valinor, parmi les Valar. Finwë était le roi de Tirion jusqu'à ce qu'il parte pour Formenos. Fingolfin lui succéda jusqu'au départ des Noldor pour la Terre du Milieu à la suite du Serment de Fëanor (voir page 34). Puis c'est Finarfin, qui rompit le Serment, revint en Valinor et qui devint le seigneur de la ville.

C'est à Tirion qu'arriva Eärendil pour demander l'aide des Valar. La trouvant déserte, car les Noldor s'étaient rendus sur le Taniquetil pour célébrer une fête, il était sur le point de repartir quand il fut invité par Eönwë à venir se joindre à la fête.

Tol Eressëa – l'Ile Solitaire

Pour faire traverser la Grande Mer aux Elfes, Ulmo utilisa comme navire une île qui se trouvait à égale distance des côtes d'Aman et de la Terre du Milieu. Il effectua une première traversée pour amener les Vanyar et les Noldor à Valinor.

Plusieurs années plus tard, Ulmo accéda aux prières de Finwë qui souhaitait revoir ses amis les Elfes Teleri. Ces derniers, arrivés en retard, étaient restés sur les rives de la Terre du Milieu. L'île fut à nouveau utilisée comme navire. Cependant, lorsqu'ils arrivèrent dans la baie d'Eldamar, à une courte distance de Valinor, les Teleri furent pris d'une nostalgie soudaine pour leur ancienne terre et pour la lumière des étoiles. Ils demandèrent à Ulmo d'interrompre le voyage et ce dernier exauça leur prière. L'île ne bougea plus par la suite et, étant isolée dans la baie d'Eldamar, elle fut appelée Tol Eressëa, l'Île Solitaire. Une partie des Teleri y vit encore.

Des Peuples et des Lieux

Dirigé par J.R. Lecocq

La Terre du Milieu

La Terre du Milieu est le grand continent central d'Arda (voir page 62). Son origine provient du premier bouleversement de la morphologie de la Terre, quand Melkor renversa les deux grands piliers de lumière, ce qui provoqua une cassure dans le continent, la Grande Mer séparant alors Aman de la Terre du Milieu. Pendant les Années des Arbres, les Elfes s'éveillèrent à l'est de la Terre du Milieu, alors que les Valar firent la guerre à Melkor, (qui demeurait au nord, dans sa forteresse d'Utumno), pour ne pas laisser les Premiers Nés sous son emprise. À l'issue de cette terrible bataille, la terre trembla et la Mer s'élargit encore, engloutissant de larges bandes côtières.

Par la suite, les Valar demandèrent aux Elfes de venir les rejoindre à Aman. Beaucoup choisirent de ne pas entreprendre le Grand Voyage préférant rester à l'est de la Terre du Milieu et devinrent ceux que l'on appela plus tard les Elfes Sylvains. Les Vanyar et les Noldor furent les premiers à quitter la Terre du Milieu, les Teleri, plus nombreux, s'attardèrent au Beleriand, et seule une partie traversa la Mer, ceux qui restaient furent appelés les Sindar, les Elfes Gris. C'est par ces trois divisions que les Elfes vinrent à peupler presque l'ensemble de la Terre du Milieu et à y fonder, sous les étoiles, des royaumes prospères. C'est à cette période que les Nains sortirent du sommeil.

Le premier lever du Soleil marqua doublement l'histoire de la Terre du Milieu : loin à l'est les Hommes s'éveillèrent et les Noldor revinrent dans la Terre du Milieu, suite au vol des Silmarils (voir encart page 29) par Melkor. Pendant tout le **Premier Âge** eurent lieu les Guerres du Beleriand, entre les Elfes et les forces de Morgoth. L'entrée en scène des Hommes joua un rôle prépondérant : les Elfes s'allièrent avec eux, mais la trahison de certaines de leurs Maisons fut pour eux un véritable désastre, laissant la Terre du Milieu ouverte aux ravages des Balrogs, des Dragons et des hordes d'Orcs.

Les exploits des Hommes, tels que Beren ou Túrin Turambar, ne purent empêcher la destruction des derniers royaumes elfiques du Beleriand. Et ce ne fut que grâce à l'intervention de l'armée de Valinor, lors de la Guerre de la Colère, que Morgoth fut finalement mis à terre. Mais la puissance de cette dernière bataille fut si terrible que presque toutes les terres à l'ouest des Montagnes Bleues furent englouties.

La première partie du **Second Âge** fut pacifique : les Edain (les Hommes restés alliés aux Elfes) s'installèrent sur l'île de Númenor alors que les Elfes migrèrent dans diverses régions de l'ouest de la Terre du Milieu, au Lindon, en Eregion ou à Vertbois-le-Grand, et la majeure partie d'entre eux traversa la Mer vers Valinor.

« On peut trouver des conseils qui ne relèvent ni des toiles des magiciens ni de la hâte des sots. » (Denethor)

Mais au bout de dix-sept siècles, Sauron, le lieutenant de Morgoth, lança ses forces contre les Elfes et envahit l'ensemble de l'ouest. Il fut finalement repoussé par les Elfes avec l'appui des Númenoréens, qui avaient depuis plusieurs siècles commencé à explorer les côtes de la Terre du Milieu et y avaient fondé des colonies. Númenor, par sa puissance, fit capituler Sauron au 32ème siècle. Celui-ci fut emmené à Númenor comme prisonnier, mais ses conseils prodigués au roi de l'île provoquèrent l'invasion de Valinor : Ilúvatar submergea l'île de Númenor, dont seuls les Fidèles purent s'échapper et fondèrent sur la Terre du Milieu les Royaumes en Exil : l'Arnor au nord et le Gondor au sud. Un siècle plus tard, la Dernière Alliance des Elfes et des Hommes fut créée, Sauron battu, son Anneau pris, ses alliés Orientaux et Suderons écrasés.

Au **Troisième Âge**, sur la Terre du Milieu, les Elfes se retranchèrent dans leurs refuges, protégés par les Trois Anneaux, et les Nains, expulsés de la Moria par le Balrog qu'ils avaient réveillé, errèrent entre les Montagnes Bleues et les Collines du Fer, luttant contre Orcs et Dragons. Tandis que le royaume d'Arnor stagnait, le Gondor s'étendait, principalement au sud et à l'est, pour atteindre son apogée au cours du onzième siècle. Mais, la pression du Roi-Sorcier d'Angmar au nord, et des peuplades orientales et méridionales au sud, manipulées par Sauron, était de plus en plus féroce. L'Arnor chuta au bout de deux millénaires et le Gondor faillit faire de même tout au long du millénaire suivant. Alors arriva la Guerre de l'Anneau, où l'Anneau de Sauron fut détruit et les Peuples Libres remportèrent la victoire et libérèrent la Terre du Milieu des Ténèbres. C'est ainsi que commença l'âge des Hommes et que toucha à sa fin celui des Elfes et des Nains.

Les Elfes

Les Elfes sont les Premiers Nés, les aînés des Enfants d'Ilúvatar. Ils se sont éveillés sous les étoiles au bord du Lac Cuivénen. Ils ont été découverts par Oromë, qui les a tout de suite aimés, et par Melkor, qui en a capturé pour les transformer en Orcs.

Les Elfes sont les plus belles des créatures de la Terre et ressemblent en esprit aux Ainur. Ils mesurent entre 1 mètre 80 et 2 mètres et sont fins et emplis de grâce, mais forts et résistants aux extrêmes de la nature. Leurs sens, surtout leur vue et leur ouïe, sont beaucoup plus développés que ceux des Hommes. Apparemment, les Elfes ne dorment pas, mais reposent leurs esprits par des rêves éveillés. Ils aiment toutes les belles choses, mais principalement les merveilles de la nature, et par-dessus tout les eaux d'Ulmo et les étoiles d'Elbereth, telles qu'ils les ont vues à leur éveil. Leur curiosité et leur désir de connaissances sont insatiables.

Bien qu'ils peuvent être tués ou mourir de peine, les Elfes ne sont pas atteints par l'âge ou la maladie. Un Elfe qui perd la vie rejoint les Cavernes de Mandos où il attendra la Fin du Monde, quand tous les Enfants d'Ilúvatar se réuniront avec les Ainur et chanteront la Deuxième Musique.

Fëanor

Fëanor est l'unique fils de Finwë et de

Míriel Serindë, qui meurt après l'avoir mis au monde. Il est considéré comme le plus intelligent et le plus habile des Noldor. Il perfectionne l'œuvre de Rúmil et invente ainsi les runes fëanoriennes, les Tengwar (voir page 113), mais il est surtout célèbre pour sa maîtrise des techniques de forge. Cela lui est enseigné par son beau-père qu'il surpasse très vite. Ses œuvres sont innombrables, car son esprit et ses mains restent rarement au repos. Son travail le plus remarquable reste les Silmarils (voir encart page 29), qui forment la plus grandiose des œuvres jamais créées par un Enfant d'Ilúvatar.

Mais l'éclat de Fëanor est terni par son orgueil et son arrogance. Il déteste Fingolfin et Finarfin, les enfants issus du second mariage de Finwë, et n'écoute personne, pas même les Valar. Seule sa femme Nerdanel parvient un temps à le raisonner. Elle lui donne sept fils, mais finit par s'éloigner peu à peu de lui. Bien que particulièrement hostile à l'encontre de Melkor, Fëanor est le premier à donner foi à ses dires lorsqu'il est autorisé à vivre à Valinor. Épris de liberté, le fils de Finwë profère des paroles ouvertement hostiles aux Valar et s'en prend à son frère Fingolfin. Condamné à l'exil, il se rend au nord et construit Formenos.

Après la destruction des Deux Arbres, il refuse de rendre les Silmarils, qui permettraient au monde de baigner à nouveau dans la lumière. Apprenant le meurtre de son père et le vol des Silmarils, Fëanor maudit Melkor et, imité par ses fils et la plupart des Noldor, il part pour la Terre du Milieu et prête le terrible serment qui porte son nom : retrouver les Silmarils. Il ordonne le massacre des Teleri qui refusent de lui fournir des bateaux, puis abandonne Fingolfin et les siens, ne leur laissant d'autre alternative que de franchir à pied la terrible banquise.

À peine arrivée sur la Terre du Milieu, la troupe menée par Fëanor subit l'assaut des armées de Melkor. Elle parvient à les repousser, prolongeant l'avantage jusqu'aux portes d'Angband. Cependant, dans sa rage, Fëanor s'est éloigné de ses compagnons et se retrouve isolé. Il est assailli par un groupe de Balrogs et tombe sous les coups de Gothmog, leur prince. Secouru par ses fils mais, sentant la mort venir, il maudit Morgoth une nouvelle fois et leur fait promettre de tenir leur serment quoi qu'il en coûte. Enfin, la mort le prend, et l'ardeur de l'esprit de Fëanor est telle que son corps se consume et se dissipe dans un nuage de fumée.

Beleg

Beleg est un Elfe Sinda qui vit à Doriath. Surnommé Beleg à l'Arc de Fer, il est le chef des gardes de Thingol. Un des plus grands Elfes de la Terre du Milieu, il est maître dans l'art de guérir et le plus habile des chasseurs. Après la défaite de la bataille de Dagor Bragollach, il est envoyé à Brethil pour aider à repousser les Orcs. Il participe ensuite à la chasse au loup qui aboutit à la mort de Carcharoth et s'en va combattre au cours de la bataille de Nirnaeth Arnoediad (voir encart page 36).

Il découvre Túrin (voir page 42) au moment où celui-ci tente de pénétrer en Doriath et l'amène devant Thingol. Il se lie d'amitié avec lui et, lorsque celui-ci s'enfuit de Doriath, il part à sa recherche dans tout le Beleriand et le retrouve un an plus tard. Capturé par les proscrits, compagnons de Túrin, il

Nirnaeth Arnoediad : la Bataille des Larmes Innombrables

Les fils de Fëanor, jugeant le moment venu de récupérer les Silmarils en exécution de leur serment, appelèrent tous les Elfes et leurs alliés à la guerre contre le Noir Ennemi et créèrent ce qu'on appela l'Union de Maedhros. Mais, par la faute de l'orgueil de Maedhros, Thingol refusa de venir combattre à leurs cotés, ne laissant partir que Mablung et Beleg. Les fils de Fëanor furent rejoints par leurs vassaux humains, leurs alliés Nains, Fingon et toute sa maison dont Húrin. Pour la première fois, Turgon était venu avec toute l'armée de Gondolin sur le lieu de la bataille, devant Angband.

Mais Maedhros lança ses forces trop vite, ses armées ne purent résister aux provocations des Orcs et se jetèrent follement dans la bataille, risquant le pire et se faisant encercler avec une partie de l'armée de Fingon, venue à son secours. Alors Turgon attaqua les arrières des forces commandées par Gothmog et brisa l'encerclement, tout comme les armées maléfiques. À ce moment, la bataille semblait gagnée, et Morgoth défait. Mais la trahison des humains se produisit alors : certains refusant le combat, d'autres changeant de camp, faisant basculer la domination sur le champ de bataille. Tous furent inexorablement encerclés et massacrés, sauf Turgon et l'armée de Gondolin qui purent s'échapper, grâce à Húrin qui défendit le passage, et fut fait prisonnier.

La Bataille des Larmes Innombrables est la bataille rangée la plus sanglante du Premier Âge et celle qui fit s'évanouir les espoirs des Elfes de vaincre Morgoth. Cette bataille fut un tel désastre que le royaume de Morgoth s'étendit à tout le Beleriand, hormis certains havres de paix, comme Doriath, Gondolin (voir page 40) ou Nargothrond.

est libéré par ce dernier et lui propose de l'assister dans sa lutte contre les Orcs. Mais Beleg retourne seul auprès de Thingol.

Ayant reçu l'accord de ce dernier pour aider Túrin, il prend pour épée Anglachel et chasse les Orcs de Dimbar puis s'en va retrouver Túrin pour rester avec lui. Tous deux prennent la tête de la résistance aux armées de Morgoth. Beleg est laissé pour mort lorsque la cache des proscrits est attaquée par les Orcs, mais il parvient à se soigner et repart à la recherche de Túrin devenu captif. Il le retrouve et le libère mais, dans la confusion du moment, il est tué par celui-là même qu'il était venu libérer.

Il fut enterré avec son arc.

Galadriel

Galadriel naît à Valinor, alors que le Royaume Bienheureux baigne encore dans la lumière des Deux Arbres. Elle est la fille de Finarfin et garde de cette ascendance une épaisse chevelure blonde. Après la destruction des Deux Arbres, elle se joint aux autres Noldor qui cherchent à se venger et attire ainsi sur elle la malédiction de Mandos. Elle ne revient pas sur sa décision, malgré les massacres entre Elfes qui émaillent le parcours, et qui attisent sa colère contre Fëanor. En tant que parente, elle est bien accueillie à Doriath malgré les réticences du roi Thingol à l'égard des autres Elfes. C'est là qu'elle rencontre Celeborn, qui lui donne le nom de Galadriel et la prend pour épouse.

Après la défaite de Melkor, Galadriel, éprise des paysages sauvages de la Terre du Milieu, refuse le pardon des Valar qui lui permettrait de revenir à Valinor. À la tête d'une suite nombreuse de Noldor, elle fonde son propre royaume en Eriador, qu'elle déplace vers 750 du Second Âge en Eregion. Plus tard, elle laisse le pays à Celebrimbor et vient s'installer dans le royaume de Lorinand, qui deviendra plus tard la Lórien. Elle reçoit Nenya, l'un des Trois Anneaux des Elfes (voir page 59), des mains de Celebrimbor et se rend à Imladris pour participer au premier Conseil Blanc. Là, elle retrouve Celeborn qui était resté un temps en Eregion et tous deux partent s'installer sur les côtes de Belfalas.

Cependant, le Balrog fait son apparition dans la Moria, et la Lórien se retrouve vulnérable. Aussi, en 1981 du Troisième Âge, Galadriel se décide à revenir en Lórien pour la mettre en sécurité. Plus tard, alors que l'Anneau Unique lui est librement offert par Frodon, elle fait preuve de sagesse en le refusant. Par cet acte, elle lève l'Interdiction des Valar et, à la fin du Troisième Âge, pourra retourner à Valinor.

Elrond le semi-Elfe

Lorsque le jeune lecteur entame la lecture de l'œuvre de J.R.R. Tolkien par *Bilbo le Hobbit,* l'un des premiers Elfes qu'il rencontre s'appelle Elrond. Il habite un petit havre de paix nommé Fondcombe, étape obligatoire pour se reposer et établir des projets avant la traversée des terribles Monts Brumeux. Ce personnage se révèle être un maître des connaissances historiques, culturelles et folkloriques. Il est en effet le seul à pouvoir déchiffrer les inscriptions runiques sur la carte au trésor de Thorin, et il identifie les armes trouvées dans une caverne de Trolls comme d'anciens artefacts très puissants provenant des Temps Anciens.

Dans le *Seigneur des Anneaux*, lors du passage d'Aragorn et de nos quatre Hobbits à Fondcombe, le personnage d'Elrond est présenté sous un autre jour. Tout d'abord, on y apprend qu'il est un guérisseur, soignant la blessure de Frodon qui, sans son intervention, lui aurait été fatale. Ensuite, on peut voir en lui un sage, puisque c'est

la Dernière Alliance des Elfes et des Hommes

En 3430 du Second Âge fut conclue entre Elendil, Roi d'Arnor et de Gondor, et Gil-galad, Haut Roi des Elfes de la Terre du Milieu, une alliance destinée à vaincre Sauron. Cette alliance se rassembla en Arnor, marcha en 3434 vers le Mordor et remporta la Bataille de Dagorlad. Au terme d'un siège de sept ans pendant lequel eurent lieu de nombreuses batailles et escarmouches, Sauron fut finalement renversé en 3441 du Second Âge. Si la tour de Barad-dûr fut rasée, Gil-galad, Elendil et Anárion furent tués et, plus important encore, l'Anneau Unique ne fut pas détruit mais conservé par Isildur.

De mémoire d'Elrond, l'armée de la Dernière Alliance est la plus grande et la plus glorieuse que vit la Terre du Milieu depuis que l'Armée de Valinor ait marché à travers le Beleriand pour vaincre Morgoth à la fin du Premier Âge. Mais pendant cette guerre, de nombreuses « Belles Gens » périrent, ce qui accentua gravement le déclin des Elfes sur la Terre du Milieu et nombreux furent ceux qui traversèrent ensuite la Mer à partir des Havres Gris (voir page 41).

« Où la volonté ne manque pas, une voie s'ouvre »
(Dernhelm)

autour de lui que sont réunis des représentants de haut lignage des peuples libres, afin de se prononcer sur le devenir de l'Anneau Unique.

Pendant ce Conseil d'Elrond, on découvre aussi qu'Elrond est un grand guerrier. Ainsi, il nous raconte qu'il était le porte-étendard du Haut Roi des Elfes lors de la guerre contre Sauron, la Dernière Alliance des Elfes et des Hommes. Les événements contés dans le *Seigneur des Anneaux* ayant lieu au terme du Troisième Âge, ce dernier durant plus de trois mille ans, et cette guerre s'étant déroulée à la fin du Second Âge, on peut déjà estimer qu'Elrond est âgé de plus de trois millénaires !

C'est dans le *Silmarillion* que nous apparaissent les origines d'Elrond. Ses parents, Eärendil et Elwing, sont de très noble naissance, issus des plus hautes familles des Elfes et des Hommes, son père voguant encore dans les cieux, un Silmaril sur son front. C'est grâce à l'intervention d'Eärendil que les Valar se mirent en guerre contre Melkor le maléfique et libérèrent définitivement la Terre du Milieu de son joug.

Ayant une part de sang humain dans leurs veines, il lui fut demandé ainsi qu'à son frère Elros, de choisir entre devenir un Elfe ou un Humain. Elros préféra la condition mortelle des Hommes, Elrond choisit quant à lui l'immortalité des Elfes, et fut par la suite appelé Elrond Peredhil, le semi-Elfe. Elrond serait né peu avant la fin du Premier Âge, le Second durant également plus de trois mille ans, ce qui fait de lui l'un des Elfes les plus âgés de la Terre du Milieu, ayant vécu plus de six millénaires !

Les Contes et Légendes Inachevées nous exposent encore d'autres informations détaillées sur Elrond. Vers le milieu du Second Âge, Sauron partit en guerre contre les Elfes à la suite de la forge des Anneaux de Pouvoir. Elrond fut envoyé au combat, mais il dut battre en retraite et, avec un groupe d'Elfes, fonda le refuge d'Imladris, Fondcombe, l'un des derniers bastions de la Terre du Milieu où se maintenaient la culture et les traditions elfiques.

Pour sa sagesse et son expérience, Elrond reçut Vilya, l'un des Trois Anneaux des Elfes (voir page 59), comme on peut le découvrir à la fin du *Seigneur des Anneaux*. Il participa également au cours du Troisième Âge au Conseil Blanc, réunissant les Mages et les plus hauts dignitaires des Elfes, jouant ainsi un rôle politique majeur, de conseil et de décision, dans la lutte contre Sauron.

Les appendices du *Seigneur des Anneaux* sont également très instructifs au sujet d'Elrond. À la chute du royaume d'Arnor, les seigneurs Dúnedain furent accueillis à Fondcombe et, jusqu'à la restauration du royaume par Aragorn au terme de la Guerre de l'Anneau, ils menèrent de là leurs batailles contre les serviteurs de Sauron. Et c'est à Fondcombe qu'Aragorn, dans sa jeunesse, rencontra celle qui devint sa femme, Arwen, la fille d'Elrond.

Legolas

Elfe Sinda du Royaume de la Forêt, Legolas était le fils du roi Thranduil. En 3019 du 3ème Âge, Legolas participa au Conseil d'Elrond en tant que messager et devint l'un des Compagnons de l'Anneau, représentant les Elfes. Legolas devint un ami très proche du Nain Gimli (voir page 51), une amitié qui devait durer le reste de leurs vies, chose extrêmement rare entre un Elfe et un Nain.

Après la Guerre de l'Anneau, Legolas mena des Elfes de Vertbois-le-Grand dans les forêts d'Ithilien, ravagées par les guerres, pour leur redonner toute leur splendeur. Mais lorsqu'il était dans le sud du Gondor chevauchant avec Aragorn, Legolas vit pour la première fois la Mer. À la mort de ce dernier, en 120 du quatrième Âge, l'appel de la Mer et d'Eldamar fut le plus fort et il entreprit la traversée, emmenant Gimli avec lui.

Les cités des Elfes

Gondolin

Bâtie par Turgon, suivant les conseils d'Ulmo, dans la vallée cachée de Tumladen entourée par les montagnes, Gondolin la blanche était la plus belle des cités des Elfes du Beleriand, rivalisant avec Tirion de Valinor. Difficile d'accès, protégée par les Aigles des montagnes qui combattaient les espions de Morgoth et gardée par sept portes, elle resta à l'écart du monde pendant des siècles, et très rares furent ceux qui y entrèrent par la suite.

Ce n'est que lors de la bataille de Nirnaeth Arnoediad (voir encart page 36) que les forces de Gondolin prirent part aux Guerres du Beleriand, Turgon ayant envoyé dix mille Elfes au combat. Malgré la défaite, le secret de la cité fut conservé, car la défense héroïque de Húrin et de Huor en arrière-garde leur permit de se replier sans être vus.

Au début du sixième siècle du Premier Âge, Húrin, à sa libération d'Angband, montra à son insu la position de Gondolin à Morgoth, mais ce ne fut que la trahison de Maeglin (jaloux de l'amour entre Tuor et Idril, la fille de Turgon) qui dévoila les secrets de ses passages à l'ennemi. En 511 du Premier Âge, une terrible armée de Dragons, de Balrogs, d'Orcs et de Loups détruisit totalement la cité, le dernier royaume des Elfes Noldor du Beleriand.

Ost-in-Edhil – la Cité des Elfes

Vers 750 du Second Âge, le royaume d'Eregion fut fondé par des Elfes composés en majorité de Noldor. Ils bâtirent une nouvelle capitale, Ost-in-Edhil, qui accueillit les activités de la guilde des forgerons orfèvres. Là, les Elfes perfectionnèrent les techniques de forge qu'ils connaissaient déjà et entrèrent en contact avec les Nains de Khazâd-dûm. L'amitié naquit entre les deux peuples, qui s'enrichirent mutuellement.

Mais vers 1200 du Second Âge, Sauron se présenta sous un aspect agréable et chercha à se concilier la connaissance des Elfes. Il s'intéressa à la notoriété des forgerons orfèvres, réussit à les amadouer, et pénétra dans Ost-in-Edhil. Pendant près de 400 ans, il enseigna aux Elfes l'art de la forge. À partir de 1500 du Second Âge, les forgerons au sommet de leur art, dépassés seulement par Fëanor, commencèrent à forger les Anneaux de Pouvoir sous l'œil vigilant de Sauron. Leur chef, Celebrimbor, forgea seul les Trois Anneaux des Elfes (voir page 59).

Au moment où Sauron forgea l'Anneau Unique, Celebrimbor se rendit compte de la nature maléfique du Maia déchu et cacha les Trois Anneaux. Furieux, Sauron attaqua l'Eregion, assiégea la capitale et ne laissa derrière lui qu'un champ de ruines. En 1697 du Second Âge, ce qui avait peut-être été la plus glorieuse des cités elfes à l'est des Montagnes Bleues était entièrement dévastée et ne se releva plus.

les Havres Gris

Les Havres Gris se trouvent sur la côte ouest de la Terre du Milieu, au Lindon. Ils sont l'un des plus anciens habitats de la Terre du Milieu, fondés au début du Second Âge par Círdan le Charpentier. Beaucoup de chansons et de contes du Premier Âge parlent des dommages infligés pendant ce temps, quand Morgoth se déclara le maître de la Terre du Milieu depuis son trône dans les profondeurs de la terre. Quand les Seigneurs de l'Ouest vinrent pour sauver les Elfes et les Hommes, ils bouleversèrent le paysage et de nombreuses terres, anciennes et belles, furent englouties sous les mers.

Les Elfes furent nombreux à repartir vers l'Ouest et à ne plus revenir sur la Terre du Milieu. Quelques-uns pourtant choisirent de rester par amour de la Terre du Milieu, dont Círdan et Gil-galad, le Haut Roi des Elfes de la Terre du Milieu. Ainsi, les Havres Gris furent-ils embellis par de splendides demeures et avenues, même si chaque année de nouveaux Elfes s'en allèrent à l'Ouest ou à l'est, vers les nouvelles terres de l'Eregion ou de la Lórien.

Mais avec l'émergence de Sauron et la venue d'Elendil, la Dernière Alliance des Hommes et des Elfes fut réunie en Arnor, et Gil-galad partit en guerre avec une grande armée d'Elfes des Havres. La bataille se déroula sur la plaine de Dagorlad, et beaucoup de chansons se lamentent sur la mort de nombreux seigneurs et guerriers. Après plusieurs années de siège, le Seigneur de Barad-dûr combattit Gil-galad et Elendil, et fut finalement battu, mais au prix de la vie des rois des Elfes et des Hommes. Ainsi finit le Second Âge, et avec la Dernière Alliance, beaucoup d'Elfes devinrent las de la Terre du Milieu et traversèrent la mer à partir des Havres. Alors que d'autres ne voulurent pas abandonner la terre pour laquelle leurs camarades s'étaient battus et sur laquelle ils avaient trouvé la mort. La lumière des Elfes brilla donc toujours en Terre du Milieu à Imladris, la demeure d'Elrond Semi-Elfe, en Lórien, où Galadriel était reine, et aux Havres Gris.

Personne n'est jamais arrivé aux Havres Gris par l'Ouest, à part les Sorciers (Istari) qui vinrent pendant le Troisième Âge lorsque l'ombre grandissait sur la Forêt Noire. Pour les Elfes, ils avaient été envoyés par les Seigneurs de l'Ouest afin d'aider les peuples de la Terre du Milieu contre l'Ombre. Et l'aide d'un seul, que les Elfes appelaient Mithrandir (Gandalf), fut très grande, les autres s'étant perdus ou ayant sombré dans l'obscurité. À la fin de sa tâche, quand Sauron tomba, Mithrandir repartit des Havres Gris, vers l'Ouest.

Les Hommes

Beren

Beren est le fils de Barahir, de la Maison de Bëor l'Ancien. Il s'engage avec son père au service d'Angrod et Aegnor, dont les armées protègent le Dorthonion. Lors de la bataille de Dagor Bragollach, le Dorthonion est ravagé, Angrod et Aegnor tués et les restes épars de leur armée pourchassés. Finalement, il ne reste que Barahir, Beren et onze compagnons.

Seuls, sans maison ni famille, ils décident de parcourir le Dorthonion comme des hors-la-loi en attaquant les petits groupes d'Orcs. Leur renommée est telle que leurs têtes sont mises à prix par Morgoth qui envoie Sauron pour les capturer. Parti en mission de reconnaissance, Beren reçoit une nuit la visite du fantôme de Gorlim qui lui avoue avoir été capturé et avoir révélé l'emplacement du campement de Barahir avant d'être tué. Beren se rend alors au campement, mais arrive trop tard. Il enterre son père et ses compagnons et commence une longue errance.

Il longe la terrible vallée de Nan Dungortheb et finit par arriver à la frontière de Doriath. Il parvient à pénétrer dans le royaume de Thingol malgré l'Anneau de Melian qui l'entoure. Perdu dans la forêt, il aperçoit alors Lúthien et tous deux tombent amoureux. Se retrouvant souvent en cachette, ils sont découverts par Daeron. Beren est emmené de force devant Thingol qui est furieux qu'un mortel puisse poser son regard sur Lúthien. Le roi ayant promis à sa fille de ne pas tuer Beren ni de le tenir captif, il lui propose un marché en pensant ainsi s'en débarrasser : la main de Lúthien contre un des Silmarils (en possession de Sauron). Celui-ci accepte tout en se moquant de la valeur dérisoire qu'accordent les rois elfes à leurs enfants.

Beren quitte Doriath et se rend d'abord à Nargothrond pour demander de l'aide à Finrod, qui accepte de l'accompagner. Ils sont tous deux capturés par Sauron, qui tue Finrod. Mais Beren est sauvé par Lúthien. Tous deux vagabondent alors un temps puis Beren décide de repartir en quête du Silmaril. Il est blessé par Curufin, mais Lúthien le sauve une nouvelle fois en le soignant. Après un long périple, ils finissent par arriver aux portes d'Angband. Ils pénètrent ensemble dans la forteresse de Morgoth et Beren parvient à récupérer un Silmaril et à le tenir dans sa main sans que sa chair ne soit brûlée. Cependant, alors qu'il sort d'Angband, il est attaqué par le loup Carcharoth qui lui tranche la main avec sa gueule. Il est à nouveau soigné par Lúthien et rentre à Doriath où il obtient l'accord de Thingol pour le mariage.

Beren participe ensuite à la chasse au loup Carcharoth et est mortellement blessé en protégeant Thingol. Dans les cavernes de Mandos, son esprit refuse de quitter le monde avant d'avoir vu une dernière fois Lúthien. Il se voit accordé une seconde vie après que sa bien-aimée eut réussi à émouvoir Mandos par son chant, et tous deux retournent quelque temps à Doriath avant de s'installer sur Tol Galen et d'avoir un fils, Dior.

Túrin Turambar

Après la chute de Fingolfin, l'ombre de Morgoth s'étend très bas sur la Terre du Milieu ; les faits de Beren et Lúthien finissent par atteindre Dor-lómin en 469 du Premier Âge. À cette époque, Túrin, fils de Húrin et de Morwen, a cinq ans et Húrin repart en croisade contre le mal, mais est fait capturé lors de la bataille de Nirnaeth Arnoediad (voir encart page 36). Questionné par Morgoth, il refuse de révéler où se situe la citadelle de Turgon, Gondolin ; Melkor le maudit, lui et toute sa descendance.

En Dor-lómin, la présence des Orientaux est de plus en plus pesante, Morwen décide d'envoyer son fils Túrin à Doriath, chez le roi Thingol, qui en fait son fils adoptif. Túrin se bat aux côtés de Beleg (voir page 35) aux marches de Doriath. De retour à Menegroth,

« Où il y a un fouet, il y a du cœur »
(un Orc)

Túrin s'accroche avec un certain Saeros qui l'avait provoqué et le tue. Il s'enfuit, ne voulant pas affronter le courroux de Thingol, même si ce dernier lui avait déjà pardonné, l'aimant comme un fils. Beleg jure de le retrouver et de le ramener à Doriath.

Túrin séjourne chez les hors-la-Loi et devient leur chef ; lui et sa bande rencontre Mîm, un Petit Nain, qui les conduit jusqu'à sa demeure (voir page 50). Túrin et Mîm deviennent amis ; c'est à ce moment-là que Beleg les trouve, mais Túrin ne veut pas retourner à Menegroth. Mîm déteste les Elfes ; il est jaloux de la vieille amitié de Túrin et Beleg. Capturé par des Orcs, il en ramène une armée chez lui : les compagnons de Túrin qui ne réussissent pas à s'enfuir sont tués. Túrin est fait prisonnier. Lorsque Beleg cherche à le délivrer, en pleine nuit, Túrin croit faire face à un nouvel ennemi et le tue.

Túrin, après avoir rencontré quelques Elfes qui en font leur compagnon de route, protège en vain la cité de Nargothrond. Il rencontre là-bas le terrible Dragon Glaurung qui l'ensorcelle. Libéré par celui-ci, il retourne en Dorlómin voir sa mère et sa sœur Nienor, mais trouve la maison vide.

Quand Morwen et Nienor, qui vivaient depuis longtemps à Doriath, décident de partir à la recherche de Túrin. Mablung, un Elfe de royaume caché, rattrape les deux femmes pour les escorter. Mais Glaurung reparaît, et disperse les troupes de Mablung. Morwen disparaît tandis que Nienor est à son tour ensorcelée par le Dragon Glaurung : elle ne se souvient plus ni qui elle est ni d'où elle vient.

Alors que Túrin vit désormais dans la forêt de Brethil, accueilli par la population, il rencontre sa sœur, mais ne la reconnaît pas. Il l'appelle Niniel, « la jeune fille en pleurs ». Tous deux ensorcelés, s'aiment, se marient et Niniel est enceinte de Túrin. Mais Glaurung recommence à rôder dans les environs ; Túrin le rencontre et le tue avec Gurthang, l'épée reforgée de Beleg. Les sorts jetés par le Dragon volent en éclats. Ainsi, Nienor Niniel, n'acceptant pas la vérité (celle d'avoir épousé son frère), se jette dans les chutes du Teiglin. Et Gurthang boit volontiers le sang de Túrin avec laquelle il se suicide.

Túrin avait l'apparence du peuple de Morwen, sa mère : les yeux gris et les cheveux sombres. Il était, avec Húrin son père, l'un des plus grands guerriers de sa lignée ; mais ses douleurs,

Gurthang – l'Acier de Mort

Gurthang était le nom donné à Anglachel par Túrin, après le meurtre infortuné de Beleg, lorsqu'elle fut reforgée pour lui à Nargothrond. Il accomplit de grands exploits avec elle, mais il l'utilisa aussi pour des actes de cruauté et de barbarie. C'est avec elle que Túrin vint à bout de Glaurung, le Grand Ver de Morgoth. Cette épée noire, dont les bords brillaient d'un feu pâle, était caractérisée par sa rapidité, et était connue pour tuer tous ceux qui s'en faisaient frapper.

Voici les paroles que l'épée adressa à Túrin juste avant sa mort : «Oui, je boirais ton sang avec joie pour oublier le sang de Beleg, mon maître et le sang de Brandir, tué injustement. Je te tuerai promptement» [*le Silmarillion*]. Elle fut brisée en deux lorsque Túrin se suicida avec, et ses tronçons furent déposés dans sa tombe. Selon une ancienne prophétie, Túrin Turambar frappera Morgoth avec cette arme lors de la Bataille Finale.

et probablement la malédiction de Morgoth, l'ont rendu excessif dans ses peines et ses nombreuses crises de rage.

Isildur

Né à Númenor, Isildur fait partie des Fidèles aux Valar, et après la submersion de Númenor, il gagne la Terre du Milieu avec Elendil, son père, l'Elendilmir sur le front. Il ramène une pousse de l'Arbre Blanc, symbole de l'amitié éternelle entre les Hommes de Númenor et les Valar. Isildur et son frère Anárion accostent à Pelargir et créent le Royaume de Gondor en 3220 du Second Âge, sous la suzeraineté de leur père, Elendil. Isildur devient le Seigneur de Minas Ithil qu'il fonde en Ithilien, sur les flancs des Monts de l'Ombre.

> ***Narsil – l'Epée-qui-fut-Brisée***
>
> Narsil était l'épée d'Elendil, forgée par le Nain Telchar, au Premier Âge. Elle brillait d'un éclat rouge et argenté, d'où son nom (« Soleil-Lune »). Elle fut brisée lorsque Elendil combattit Sauron au siège de Barad-dûr et perdit sa lumière, lors de la Guerre de la Dernière Alliance des Elfes et des Hommes en 3441 du Second Âge (voir page 37). Isildur se servit alors de sa garde pour trancher l'Anneau du doigt de Sauron. Elle fut ramenée à Elrond par l'écuyer d'Isildur, après que ce dernier soit tombé dans une embuscade d'Orcs dans les Champs d'Iris. Elle ne fut reforgée qu'en 3018 du Troisième Âge par les Elfes forgerons de Fondcombe pour Aragorn, qui la renomma Andúril (« Flamme de l'Ouest »), après que l'Anneau Unique fut retrouvé. En effet, Maître Elrond avait prédit qu'elle ne serait pas reforgée avant que Sauron ne reprenne puissance ni avant que l'Anneau Unique ne fût retrouvé.

Neuf ans plus tard, Sauron s'agite de nouveau : il prend Minas Ithil et brûle l'Arbre Blanc. Isildur s'échappe au fil de l'Anduin ; il va retrouver Elendil dans le nord, tandis qu'Anárion défend Minas Anor et Osgiliath. Face à Sauron, est conclue la Dernière Alliance des Elfes et des Hommes. Lors du siège qui suivit la Bataille de Dagorlad, Anárion, Elendil et Gil-galad meurent au combat. Narsil est brisée. Mais Isildur tranche l'Anneau Unique du doigt de Sauron qui disparaît. C'est la fin du Second Âge.

En la seconde année du Troisième Âge, Isildur replante une graine de l'Arbre Blanc à Minas Anor. Elrond conseille au prince de jeter l'Anneau dans les tréfonds de l'Orodruin, mais Isildur refuse. C'est pour lui un trophée, symbole d'un père et d'un frère vengés. Isildur, qui se languit de sa mère et de son plus jeune fils, part vers le nord, avec l'Anneau, l'Elendilmir et les tronçons de Narsil. À mi-chemin, l'escorte est assaillie par une bande d'Orcs dans les Champs d'Iris. Isildur confie Narsil à un écuyer qui s'enfuit. Lors de l'affrontement, les fils d'Isildur tombent successivement, Elendur somme son père de partir avec le précieux Anneau (voir page 58). La bague au doigt, invisible, Isildur court aussi vite qu'il le peut. Mais lorsqu'il traverse l'Anduin, l'Anneau le trahit et lui glisse du doigt, il est à nouveau visible de tous. Debout sur l'autre rive, il est tué par les flèches empoisonnées d'une sentinelle Orque.

Beorn

Beorn est un changeur de peau, c'est-à-dire qu'il est tantôt un homme fort et de très grande taille (Bilbon pouvait passer sans se courber sous sa tunique qui lui arrivait aux genoux), tantôt un immense ours noir. Il vit à la lisière de la Forêt Noire, près du Carrock. Il possède du bétail, des chiens avec lesquels il parle et de grosses abeilles féroces. Thorin et Compagnie fit étape chez lui avant de traverser la forêt.

Lors de la Bataille des Cinq Armées (voir page 53), sous sa forme d'Ours, il écrasa Bolg, le chef des Orcs, et sa garde pour protéger le corps de Thorin transpercé de lances, ce qui provoqua la fuite des autres Orcs et la victoire finale. Il régna ensuite sur un vaste territoire du Val d'Anduin, entre Vertbois-le-Grand et les Monts Brumeux, tout comme le firent ses descendants.

Régions et Royaumes humains

Númenor

Númenor est une île offerte par les Valar à ceux des Humains qui avaient souffert en aidant les Elfes contre Morgoth.

Leur premier Roi fut Elros Tar-Minyatur, frère d'Elrond et fils d'Eärendil, qui engendra toute la lignée des Rois de Númenor. Il est peu de chose pour dire la durée et la gloire de l'île de Númenor, qui sembla marquer le sublime que pouvaient atteindre les Humains.

Les Humains, amis des Elfes et des Valar, restèrent en paix durant des siècles dans le bonheur et la prospérité, à mi-chemin de la Terre du Milieu et de Valinor. Mais il advint que l'un des Rois, Tar-Aldarion, fasciné par la mer, partit à l'aventure sur les océans, débutant la colonisation de la Terre du Milieu, et par là, la damnation de l'île. Les siècles passèrent, et les Rois de Númenor commencèrent à se détourner des Eldar et des Ainur, imbus de leur puissance. Et lorsque Ar-Pharazôn le Doré épousa sa cousine Tar-Míriel pour monter sur le trône, il devint un seigneur d'une puissance fabuleuse, tant étaient gigantesques la force et la gloire des Númenoréens.

À ce moment, Sauron recommença à s'agiter en Terre du Milieu. Alors, Ar-Pharazôn déploya son armée, et Sauron vit que jamais il ne pourrait lutter contre une telle puissance. Il se rendit donc comme prisonnier au Roi de Númenor qui l'emmena sur l'île. Il eut tôt fait de le corrompre, de le convertir au culte de Morgoth et de le décider à transgresser l'Interdit des Valar : aborder Aman, et même l'attaquer. Ar-Pharazôn leva alors la plus fabuleuse armada jamais vue depuis l'assaut des Valar contre Angband, et prit pied sur les terres éternelles des Elfes à Valinor. Manwë invoqua alors Ilúvatar qui submergea Ar-Pharazôn, son armée et toute l'île, sauf quelques navires menés par Elendil et ses deux fils Anárion et Isildur, qui partirent fonder en Terre du Milieu les royaumes en exil, l'Arnor et le Gondor.

le Meneltarma

Montagne en forme de cône coupé isolée au centre de l'île de Númenor, le Meneltarma était un lieu sacré pour les Númenoréens dédié à Eru Ilúvatar. À son sommet, nul hormis le Roi pouvait y parler et ceux qui avaient une excellente vue pouvaient apercevoir à l'ouest l'île de Tol Eressëa. Sur ses flancs, jamais ne furent maniés outils ou armes, et il n'y fut construit ni habitations ni autels.

Trois Aigles, les Témoins de Manwë, accueillaient ceux qui s'approchaient du sommet et volaient haut dans les cieux lors des prières. Il est dit qu'après la submersion de l'île, le sommet du Meneltarma resta sa seule partie émergée.

le Gondor

Le Gondor est l'un des deux royaumes des Númenoréens (ou Dúnedain) en Terre du Milieu avec l'Arnor (au nord), fondé en 3320 du Second Âge par Elendil, juste après la submersion de Númenor, qui le dirigea avec ses deux fils, Isildur et Anárion. Sa capitale était Osgiliath, sise de part et d'autre de l'Anduin, et ses principales cités étaient Minas Anor, Minas Ithil, Pelargir et Dol Amroth. Le pays était découpé en plusieurs provinces : l'Anórien, l'Ithilien, le Lebennin, le Belfalas et l'île de Tolfalas, l'Anfalas, le Drúwaith Iaur, le Pays de Dun et le Calenardhon.

À partir du cinquième siècle du Troisième Âge, après les premières attaques de la part des Orientaux, le Gondor mena une politique d'expansion : les terres de l'est jusqu'à Rhûn et le Dorwinion furent conquises vers 550 du Troisième Âge par Turambar, l'Harondor au sud du Poros vers 830 par Falastur, le port Umbar en 933 par Eärnil, et la province du Harad soumise à l'autorité d'Hyarmendacil en 1050, ce qui marqua l'apogée du Gondor.

Mais quatre siècle plus tard, le déclin du Gondor s'amorça. La Lutte Fratricide de 1432 du Troisième Âge puis la Grande Peste de 1636 diminuèrent considérablement la puissance du Gondor, qui fut dès lors soumis à d'incessantes attaques, perdants ainsi ses territoires de l'est et du sud. Au temps de la Guerre de l'Anneau, le Gondor n'avait de pouvoir que sur les terres à l'ouest de l'Anduin et au sud des Montagnes Blanches.

À la mort d'Elendil et de ses fils, le Gondor fut dirigé par les héritiers d'Anárion, et ce jusqu'en 2050 du Troisième Age, date à laquelle le Roi Eärnur périt sans descendance directe ou indirecte. Le pays fut dès lors gouverné par les Surintendants dans l'attente du retour du Roi.

le Rohan

Le Rohan est le royaume bordé au sud par les Montagnes Blanches, à l'ouest par la rivière Isen et les Monts Brumeux, au nord par la forêt de Fangorn et à l'est par l'Anduin. En 2510 du Troisième Âge, à la suite de la Bataille du Champ de Celebrant, l'Intendant du Gondor, Cirion, fit don de la province alors appelée Calenardhon aux Hommes de l'Eothéod qui l'acceptèrent en jurant le Serment d'Éorl. Le pays fut dès lors appelé Rohan et ses habitants les Rohirrim ; ses dirigeants étaient les descendants du premier roi, Éorl.

Au cours de son histoire, le Rohan a subi de nombreuses invasions. En 2758 du Troisième Âge, les Hommes du Pays de Dun envahirent le pays et occupèrent Edoras, mais furent défaits par Frealáf, le neveu du Roi Helm. En 2799, des Orcs en fuite de la Bataille d'Azanulbizar traversèrent le pays pour s'installer dans les Montagnes Blanches, pour n'y être finalement chassés qu'en 2864. Vers 2960 du Troisième Âge, Saroumane, installé en Isengard à la frontière du Rohan, commença à causer des troubles à l'ouest du pays puis l'envahit lors de la Guerre de l'Anneau.

« Si vous ne pouvez faire la distinction entre un Homme et un Hobbit, votre jugement est plus pauvre que je ne l'imaginais. Ils sont aussi différents que des pois et des pommes (Bilbo)
— Peut-être bien. Pour des moutons, les autres moutons paraissent différents. » (Lindir)

Felaróf

Léod captura Felaróf lorsqu'il n'était encore qu'un magnifique poulain blanc, mais il ne put jamais le monter. Plus tard, Léod réessaya mais il tomba et sa chute lui fut fatale. Alors, Éorl, son fils, le pourchassa et lui ordonna qu'en dédommagement de la perte de son père, il devait renoncer à sa liberté. Dès lors, Felaróf devint la monture d'Éorl et fut de toutes ses chevauchées, de la Bataille du Champ du Celebrant aux diverses guerres que menait le nouveau Roi de Rohan. Il fut enterré avec son maître lorsque celui-ci périt au combat. Felaróf est tenu pour être le père des Mearas, les fabuleux chevaux du Rohan.

Dès leur arrivée dans le pays, les Rohirrim élevèrent leurs chevaux, les meilleurs de la Terre du Milieu, profitant du relief favorable composé de plaines et de collines verdoyantes. Ils restaurèrent forteresses et refuges laissés à l'abandon par les armées du Gondor, comme Aglarond (connu plus tard sous le nom de Gouffre de Helm) et Dunharrow. Ils construisirent également leur capitale, Edoras, même si la majorité d'entre eux habitaient des petites fermes et des villages dispersés à travers la région.

Les Nains

Créés par Aulë pour endurer la puissance de Melkor, les Nains sont trapus (ils mesurent environ 1,50 m), robustes et très résistants, à la douleur, à la faim et à la chaleur comme au froid. Ils vivent près de 250 ans, mais le peu de femmes (elles ne représentent qu'un tiers de la population) et le grand nombre de guerres en fit un peuple à la population diminuant continuellement. Les Nains parlent une langue qu'ils gardent secrète, le Khuzdul. Mais en public, ils parlent la langue de leurs interlocuteurs, le Sindarin et la langue commune, qu'ils apprennent très facilement.

Fiers et tenaces, ils n'oublient pas un méfait ou une dette. Comme leur créateur, ils aiment toutes les substances issues de la terre, la pierre, les joyaux et le métal, mais souvent à outrance, étant aussi très possessifs. Ils excellent dans la forge, la mine et la maçonnerie, leurs armes et leurs demeures ayant une grande réputation, non usurpée d'ailleurs.

Les Nains fondèrent leurs cités profondément sous terre, dont les plus puissantes au Premier Âge étaient Gabilgathol et Tumunzahar, dans les Montagnes Bleues, et surtout Khazâd-dûm, dans les Monts Brumeux. Commerçant avec les Elfes du Beleriand, ils leur construisirent les magnifiques palais souterrains de Menegroth et de Nargothrond et leur forgèrent des armes puissantes. Ils étaient encore plus proches des Noldor, à cause de leur révérence commune pour Aulë, et

Impatient de voir la venue des Enfants d'Ilúvatar, Aulë (voir page 26) créa secrètement dans une caverne les Sept Pères des Nains et leur apprit un langage, le Khuzdul. Ilúvatar découvrit leur existence et Aulë voulut les détruire, mais voyant que les Nains avaient désormais leur volonté propre, Ilúvatar leur accorda la vie, à la condition qu'ils ne s'éveillent qu'après les Premiers Nés. Ainsi, peu après les Elfes, les Nains sortirent de leur sommeil.

ils échangèrent beaucoup de savoir-faire, dans la forge et la maçonnerie. Les Nains participèrent aussi aux batailles du Beleriand, aux côtés des Elfes et des Hommes, réalisant de hauts faits d'armes et de courage.

À la suite de la Guerre de la Colère qui opposa les Valar et les Elfes de Valinor aux forces de Melkor, les Montagnes Bleues s'effondrèrent en partie, causant la ruine des cités des Nains et le départ d'une majeure partie d'entre eux vers Khazâd-dûm, venant rejoindre le Peuple de Durin. Au Second Âge, la découverte du mithril accrut la puissance des Nains et le commerce avec les Noldor installés en Eregion. Mais en 1980 du Troisième Âge, creusant trop profondément la montagne, ils libérèrent un Balrog qui les força à fuir la cité qu'on appela par la suite Moria, et à trouver refuge ailleurs, dans les Montagnes Grises, puis à Erebor, dans les Collines de Fer ou les Montagnes Bleues.

Mais au bout de six siècles de prospérité dans les Montagnes Grises, leurs cités furent pillées par les Dragons; tout comme le Royaume sous la Montagne en 2770 du 3ème Âge, dévasté par Smaug (voir page 51), obligeant les Nains à s'exiler encore. Tentant vingt ans plus tard d'habiter à nouveau la Moria, la Guerre des Nains et des Orcs décima les Orcs des Monts Brumeux. En 2941, la mort de Smaug et la victoire lors de la Bataille des Cinq Armées (voir encart page 53) rendirent Erebor aux Nains. Lors de la Guerre de l'Anneau, Erebor fut assiégée, mais les Hommes et les Nains furent finalement victorieux. Et au Quatrième Âge, Gimli, avec une compagnie de Nains, colonisa les cavernes d'Aglarond, dans les Montagnes Blanches.

Durin I

Durin est le plus vieux et le plus renommé des Sept Pères des Nains créés par Aulë. Peu après son éveil, avant le début du Premier Âge, il fonda avec son peuple la plus grande cité des Nains, Khazâd-dûm, près du lac Kheled-zâram, où Durin y vit les étoiles s'y réfléchissant, formant une couronne au-dessus de sa tête, ce qu'il interpréta comme un signe. Il vécut fort longtemps, ce qui lui valut le qualificatif de « Trompe-la-Mort ». Il est dit que Durin se réincarnerait sept fois, la dernière annonçant la fin de la lignée de Durin.

Mîm

Lorsque les compagnons de Túrin (voir page 42) blessèrent mortellement Khîm, le fils de Mîm, Túrin demanda l'hébergement à Mîm pour rançon de la vie de son fils. Mîm accepta de les héberger dans sa colline, qu'il nomma par la suite Bar-en-Danwedh (la Maison de la Rançon). Il garda sa vengeance pour plus tard, car Túrin resta plusieurs années sous la colline, bientôt rejoint par Beleg.

Mais le jour où Mîm fut capturé par les Orcs, il accepta de livrer Túrin en révélant les passages secrets de la colline. Les Orcs attaquèrent de nuit et par surprise, et tuèrent beaucoup des compagnons de Túrin. Beleg fut gravement blessé et Túrin capturé.

On ne sait ce qu'il advint de Mîm, mais juste après le départ de Glaurung (voir page 44) de Nargothrond, Mîm s'introduisit dans la plus profonde des cavernes et s'installa au milieu du trésor, se l'appropriant. Survint alors Húrin, le père de Túrin, qui, connaissant la trahison de Mîm par la vision de Morgoth, le tua et prit le Collier des Nains, le Nauglamír, serti d'un Silmaril.

Thorin II Écu-de-Chêne

Fils du Roi sous la Montagne Thráin II, Thorin s'est exilé en 2770 du Troisième Âge d'Erebor (voir page 52) vers les Montagnes Bleues avec le reste du Peuple de Durin, suite à la descente de Smaug sur la Montagne Solitaire. Il participa dans sa jeunesse, en 2799, à la Bataille d'Azanulbizar où il acquit son surnom « Écu-de-Chêne ». Son bouclier étant fendu, il utilisa une branche de chêne comme gourdin et bouclier à la fois.

En 2845, à la disparition de son père, Thorin devint le Roi du Peuple de Durin et il accrut lentement les richesses et la population des Nains des Montagnes Bleues.

Ayant gardé une rancœur tenace contre Smaug pour le mal qu'il causa à sa Maison, il monta l'expédition de Thorin et Compagnie, sous les conseils de Gandalf, afin de reprendre Erebor. Si le Dragon fut tué, Thorin ne put profiter du trésor et de son royaume restauré, ayant trouvé la mort dans la Bataille des Cinq Armées (voir encart page 53) qui suivit peu après. Il fut enterré sous la Montagne avec l'Arkenstone, son épée Orcrist dressée sur sa tombe.

Smaug

Smaug le Doré était un énorme dragon volant, aux écailles rouge dorée, le plus grand dragon encore en activité au Troisième Âge. Vivant dans les Montagnes Grises, il arriva en 2770 du Troisième Âge au nord du Rhovanion, où il dévasta la ville de Dale et pilla le Royaume sous la Montagne, attiré par ses fabuleuses richesses. Le peu de Nains rescapés durent fuir Erebor.

Pendant près de deux siècles, il se contenta de veiller scrupuleusement sur son immense butin, quand en 2941 du Troisième Âge, il fut perturbé par les agissements de Thorin et Compagnie et de leur Hobbit, Bilbon Sacquet, Smaug s'en alla détruire la ville d'Esgaroth sur le Long Lac. Là, il causa de terribles dégâts, mais Bard le tua d'une flèche qui se figea dans une partie de son corps non recouverte par son armure de gemmes et de métal. Sa chute dans le lac provoqua un immense flot de vapeurs et de brouillard sur la ville.

À l'issue de la Bataille des Cinq Armées qui suivit la mort de Smaug, le Royaume sous la Montagne fut restauré et, avec une part du butin du Dragon, les villes de Dale et d'Esgaroth furent reconstruites, rendant cette région à nouveau très prospère, le commerce florissant entre les Nains et les Hommes.

Gimli

Nain de la lignée de Durin, Gimli a passé sa jeunesse dans les Montagnes Bleues avant de rejoindre Erebor avec son père en 2941 du Troisième Âge. En 3018, Gimli a participé au Conseil d'Elrond où il a été choisi pour représenter les Nains dans la Compagnie de l'Anneau, qu'il a guidée lors de la traversée de la Moria. Il a été le premier Nain à entrer en Lórien depuis l'époque de Durin et à partir de ce moment, il est devenu entièrement dévoué à Galadriel et un ami proche de Legolas (voir page 39). Après la dissolution de la Communauté de l'Anneau, Gimli partit avec Aragorn et Legolas à la recherche des Hobbits Merry et Pippin. Il a

L'Arkenstone

Un grand joyau fut découvert vers l'an 2000 du Troisième Âge par Thráin I, lorsqu'il s'établit en Erebor : l'Arkenstone illuminait les salles de la Montagne Solitaire en reflétant merveilleusement les lumières. Elle fut perdue quand les Nains fuirent Erebor, à cause de Smaug, en 2770 du Troisième Âge. Bilbon Sacquet la retrouva dans le butin de Smaug après la mort de ce dernier. Il l'utilisa pour éviter la guerre et marchander le partage du trésor face à la cupidité des Nains, juste avant la bataille des Cinq Armées, après laquelle elle fut rendue aux Nains qui la placèrent dans la tombe de Thorin.

également combattu à la bataille du Gouffre de Helm, à celle du Champ du Pelennor et devant le Morannon.

Après la Guerre de l'Anneau, Gimli conduisit un groupe de Nains d'Erebor au Rohan, où il devint le seigneur des Cavernes Étincelantes, et il forgea les nouvelles portes de Minas Tirith, en acier et en mithril. À la mort d'Aragorn, en 120 du Quatrième Âge, Gimli traversa la Mer avec Legolas, fait sans précédent pour un Nain, du fait de sa profonde amitié pour Legolas et Galadriel.

Les Montagnes naines :

les Monts Brumeux

Les Monts Brumeux sont la grande chaîne de montagne de la Terre du Milieu, axée nord-sud, qui court du Désert du Nord vers la Trouée de Rohan sur près de 1200 kilomètres. Ses principaux sommets sont le Methedras au sud, le Caradhras, le Fanuidhol et le Celebdil au centre, surplombant la Moria, et le Mont Gundabad au nord.

Ces montagnes ont été levées par Melkor peu avant l'Éveil des Elfes pour se protéger des Valar et ralentir Oromë. Elles découragèrent certains Elfes, les Nandor, de continuer leur Grand Voyage vers l'Ouest. Rapidement, elles furent peuplées par les Nains, qui y creusèrent d'immenses cités souterraines, telles que Khazâd-dûm. Mais au Troisième Âge, les Nains s'exilèrent de leurs terres ancestrales, sous la pression du Balrog de la Moria et des Orc s de Sauron qui infestèrent les montagnes. De grands Aigles installèrent leurs aires dans la partie centrale des montagnes.

Erebor – la Montagne Solitaire

Erebor est le mont situé entre les Montagnes Grises au nord, les Collines de Fer à l'est, le Long Lac au sud et la Forêt Noire à l'ouest. En 1999 du Troisième Âge, ayant fuit la Moria, Thráin I s'y établit avec une grande partie du Peuple de Durin et fonda le Royaume sous la Montagne. Au fur et à mesure que s'accroissaient la gloire et la prospérité des Nains des Montagnes Grises, la population et la force d'Erebor diminuaient. Mais les ravages des Dragons forcèrent Thrór et son peuple à revenir à Erebor en 2590 du Troisième Âge, augmentant ainsi considérablement sa puissance.

Le plus grand Dragon de l'époque, Smaug, attiré par les richesses du Royaume sous la Montagne, détruisit la cité de Dale et chassa les Nains de la Montagne Solitaire en 2770 du Troisième Âge, veillant scrupuleusement sur chaque article de son butin. Mais en 2941, irrité par les agissements de Thorin et Compagnie, Smaug partit détruire la ville d'Esgaroth sur le Long Lac où il fut finalement tué. Immédiatement après s'en suivit la Bataille des Cinq Armées, où les Peuples Libres remportèrent la victoire sur les Orcs et leurs alliés. Dáin II put enfin rétablir le Royaume sous la Montagne et prospérer à nouveau.

la Bataille des Cinq Armées

En 2941 du Troisième Âge, l'expédition de Thorin et Compagnie réussit à déloger Smaug d'Erebor, le Dragon se faisant tuer par Bard. Les habitants d'Esgaroth voulurent ainsi une partie du butin comme récompense de la mort du Dragon et pour aider à la reconstruction de la ville. Ainsi, ils marchèrent armés, accompagnés des Elfes de la Forêt Noire, pour réclamer une part du trésor, mais devant le refus de Thorin, ils assiégèrent la Montagne Solitaire.

Au moment où les Nains des Collines de Fer parvinrent en renfort, la bataille était sur le point de s'engager entre les Nains d'un côté et les Elfes et les Hommes de l'autre. Mais le Soleil fut subitement obscurci par une nuée de Chauves-Souris et surgit une multitude d'Orcs et de Loups. Ayant eu connaissance de la mort de Smaug, les tribus d'Orcs des Monts Brumeux et des Montagnes Grises s'étaient armées, regroupées depuis le Mont Gundabad, et avaient convergé vers Erebor.

Les Hommes et les Nains prirent position à l'est sur les éperons rocheux de la Montagne, les Elfes s'établirent à l'ouest. Ils lancèrent l'assaut sur les ennemis quand ceux-ci entrèrent dans la vallée et gagnèrent un temps l'avantage, mais ils ne firent que repousser la marée noire. Car de grandes troupes d'Orcs parvinrent à escalader la Montagne et à les prendre à revers, changeant radicalement le cours de la bataille.

C'est ce moment-là que choisit Thorin pour rallier autour de lui nombre de combattants. Leur fougue provoqua la mort d'un grand nombre d'Orcs, mais ils furent rapidement encerclés et Thorin tomba au combat. Dès lors, la victoire s'annonçait pour les ennemis. Mais c'était sans compter sur l'apparition des Aigles qui délogèrent les Orcs des reliefs ni sur la venue de Beorn (voir page 45), sous sa forme terrifiante d'ours gigantesque qui massacra Bolg et sa garde. Privés de leur chef, les ennemis prirent la fuite, pourchassés jusqu'à la lisière de la Forêt Noire.

La Bataille des Cinq Armées eut un impact très important sur l'histoire de la Terre du Milieu. Tout d'abord, la menace que représentait Smaug, allié potentiel de Sauron, sur tout le nord du Rhovanion fut écartée, les tribus d'Orcs des Monts Brumeux et des Montagnes Grises ne se remirent jamais de cette défaite. De plus, la présence des Elfes, des Nains et surtout des Hommes (par les cités reconstruites de Dale et d'Esgaroth), dans cette région se renforça considérablement. Sans cette bataille, le cours de la Guerre de l'Anneau, au nord de la Terre du Milieu, aurait probablement été différent : les troupes des Orcs des montagnes se seraient certainement déversées de part et d'autres des Monts Brumeux, à l'ouest et à l'est.

Les Hobbits

On ne sait que très peu de choses sur les origines des Hobbits, le Petit Peuple, sinon qu'ils sont très proches des Hommes, beaucoup plus proches que les Elfes ou les Nains, et qu'ils leur sont vraisemblablement apparentés. De leur histoire au Premier ou au Deuxième Âge, on ne sait rien, et la première mention qui est faite d'eux, date de 1050 du Troisième Âge, époque où commence à s'étendre une ombre sur Vertbois-le-Grand, et où les Pieds Velus pénètrent en Eriador lors de leurs migrations.

Les Hobbits sont de petite taille, ils mesurent entre 60 cm et 1,20 m, voilà pourquoi on les appelle les Semi-Hommes, mais leur taille devait avoisiner les 1 m (un peu plus) à l'époque de la Guerre de l'Anneau. Leur autre particularité notable est l'étrangeté de leurs pieds, qui ont la plante dure comme du cuir et qui sont recouverts d'un poil brun, épais et frisé, très semblable à leur chevelure. L'espérance de vie des Hobbits est d'environ 80 ans, les 100 ans étant dépassés relativement souvent. Les Hobbits obtiennent leur majorité à 33 ans.

Un autre trait remarquable des Hobbits est leur grande facilité à se cacher ou à se dissimuler dans les espaces naturels, et à se fondre dans le paysage (habilité que les hommes prennent trop facilement pour de la magie). Ils sont aussi doués dans le maniement de tout ce qui requiert un peu d'adresse, arcs, pierres ou frondes.

Les Hobbits sont un peuple hospitalier et joyeux, aimant rire, manger et boire (avoir, si possible, six repas par jour), facétieux et sympathique, mais facilement craintif et casanier, n'aimant pas du tout les aventures de n'importe quel type qu'elles soient, et souvent soupçonneux envers les étrangers et les inconnus. Ils n'aiment pas, et n'utilisent pas, des machineries complexes et d'utilisation trop ardue.

Ils affectionnent les couleurs vives, particulièrement le vert et le jaune, et aiment à vivre dans des trous, les « smials », vastes et aménagés, possédant des portes et des fenêtres rondes, bien que certains se plaisent aussi à vivre dans des maisons. Ils adorent fumer la pipe, les Hobbits étant le peuple qui a introduit l'herbe à pipe dans les Terres du Milieu.

Ils ont généralement peur de l'eau et des bateaux, sauf pour ceux qui vivent près du Baranduin, qui naviguent et nagent parfois. Ce n'est franchement pas un peuple courageux, ou aimant l'adversité, mais, lorsqu'ils sont confrontés aux privations, au danger ou à des situations extrêmes, les Hobbits peuvent faire preuve d'une grande ténacité ou d'une grande endurance (comparable à celle des Nains) et de beaucoup d'astuce.

Les Hobbits parlent le Langage Commun mais avec de légères différences. Ils ont certains mots propres, comme « mathom », pour désigner un objet dont on ne voit aucune utilité mais qu'on souhaite garder. L'ancienne langue des Hobbits est étonnamment proche de celle des Rohirrim, ce qui s'explique par l'ancienne proximité de ces deux peuples.

Il existe trois groupes de population hobbite : les Pâles, les Pieds Velus et les Forts.

Bilbon Sacquet

L'année 2941 du Troisième Âge marqua le début de l'implication de Bilbon dans les affaires de la Terre du Milieu, quand Gandalf l'engagea pour devenir cambrioleur pour Thorin et Compagnie. Au long de son aventure, Bilbon fit étape à Fondcombe, découvrit l'Anneau Unique dans les grottes d'Orcs des Monts Brumeux et tint un rôle important dans la mort de Smaug le Dragon (voir encart page 51).

De retour à Cul-de-Sac avec sa modeste part du butin de Smaug, il vécut confortablement dans la Comté pendant près de soixante ans. À la mort des parents de Frodon en 2980, Bilbon l'adopta et en fit son héritier. En 3001, à l'occasion d'une grande réception donnée par Bilbon pour son anniversaire (qui avait lieu à la même date que celui de Frodon), il disparut, laissant tous ses biens à Frodon (y compris l'Anneau) et partit pour Fondcombe où il vécut jusqu'en 3021, date à laquelle il prit la mer avec la Dernière Chevauchée des Gardiens des Anneaux.

Bilbon a vécu la majeure partie de son existence à Cul-de-Sac et, chose rare parmi les Hobbits, est resté célibataire. Il fut celui qui vécut le plus longtemps de l'histoire de la Comté, ayant plus de 131 ans lors de son départ, ceci à cause de l'influence de l'Anneau, même si elle ne le toucha qu'à un très modeste degré. À Fondcombe, Bilbon étudia la culture elfique, son sang Pâle lui faisant ressortir son attrait pour les Elfes et les langues, il écrivit nombre de poèmes et de ballades, mais surtout, il consigna son aventure avec Thorin et Compagnie dans le Livre Rouge de la Marche de l'Ouest.

Frodon Sacquet

À la mort de ses parents, en 2980 du Troisième Âge, Frodon a été adopté par son cousin Bilbon et est parti vivre avec lui à Cul-de-Sac, dont il hérita, notamment de l'Anneau Unique, au départ de Bilbon de la Comté en 3001. Sur les conseils de Gandalf, Frodon partit incognito vers Fondcombe en 3018 du Troisième Âge, sous le nom de M. Soucolline, pour échapper aux Nazgûl. Sur le chemin, il rencontra Aragorn à Bree et reçut une très grave blessure par le Seigneur des Nazgûl sur le Mont Venteux. Guéri à Fondcombe par Maître Elrond, il se porta volontaire pour entreprendre le voyage vers le Mont du Destin et détruire l'Anneau Unique. Après de grandes aventures avec la Compagnie de l'Anneau, Frodon parvint au Mont du Destin, mais au moment de jeter l'Anneau, il choisit de le conserver. Alors, Gollum mordit son annulaire et tomba dans les crevasses de lave, accomplissant ainsi la Quête.

Après la Guerre de l'Anneau, Frodon fut un temps le Maire de Grand'Cave et a écrit les passages de la Guerre de l'Anneau et de la Quête du Mont du Destin dans le Livre Rouge de la Marche de l'Ouest. Mais blessé dans son esprit et dans son corps (par la lame du Nazgûl et le poison d'Arachne) il prit la mer en 3021 du Troisième Âge avec la Dernière Chevauchée des Gardiens des Anneaux, laissant tous ses biens à son fidèle serviteur et ami, Sam Gamegie.

Déjà avant la Guerre de l'Anneau, Frodon se distinguait des autres Hobbits, il était bien plus pensif, réceptif aux autres et tourné vers les pays lointains. Il était célibataire et avait peu d'amis de son âge. L'Anneau a eu somme toute peu d'influence sur lui, même s'il a vieilli plus lentement et qu'il a ensuite été très troublé par sa tâche, mais il a démontré une très grande résistance. Frodon avait également de très bonnes dispositions pour les langues, comme Bilbon, étant aussi un Sacquet, connaissant le Sindarin et quelques mots de Quenya.

Meriadoc Brandebouc dit « Merry »

Meriadoc fut l'un des trois Hobbits à accompagner Frodon Sacquet dans la Quête de l'Anneau, comme il l'a été décidé au Conseil d'Elrond en 3019 du Troisième Âge. Ceci l'amena à être enlevé, avec son meilleur ami, Peregrin Touque, par des Orcs de l'Isengard, de rencontrer les Ents de Fangorn et de boire de leur breuvage, ce qui eut pour conséquence d'augmenter la taille des deux Hobbits jusqu'à une taille quasi-humaine. Meriadoc s'illustra également dans la Guerre de l'Anneau, en devenant écuyer au service du roi

Théoden de Rohan, et il participa aux côtés d'Éowyn, la nièce de Théoden, à la destruction du Roi-Sorcier. Il était en effet prédit que le Seigneur des Nazgûl ne périrait pas de main d'Homme.

À l'issue de la Guerre de l'Anneau, Merry a été fait chevalier du Rohan en hommage à sa bravoure. Il retourna ensuite à la Comté avec ses compagnons où il fut l'un des leaders de la bataille de Lèzeau qui libéra la Comté des sbires de Sharcoux (Saroumane). À la mort de son père, en 12 du Quatrième Âge, il devint le Maître du Pays de Bouc et fut nommé en 14 Conseiller du Royaume du Nord par le Roi Aragorn II Elessar. En 63, il partit de la Comté avec Pippin vers le Rohan (voir page 47), puis le Gondor (voir page 47), où il fut enterré dans la Maison des Rois.

Régions et villages hobbits

la Comté

Les Hobbits de Bree obtinrent, lorsque les frères Marchon et Blancon franchirent le Pont aux Arbalètes en 1601 du Troisième Âge, la permission par le roi d'Arnor d'habiter les terres entre la rivière Baranduin et les Hauts Reculés. Les frontières furent établies comme suit : 40 lieues (120 miles, soit 200 km) des Monts Reculés au Pont des Arbalètes, et 50 lieues (150 miles, soit 250 km) du sud des Collines d'Evendim aux Marais du Sud. Soit une superficie totale d'environ 50 000 km^2, divisée en quatre quartiers, qui n'avaient aucune fonction officielle mais qui désignaient les régions de la Comté : des champs secs et froids au nord, des collines à l'ouest, des champs fertiles au sud, des terrains variés à l'est (bois, marais, champs et carrières).

La Comté ne changea pas véritablement de gouvernement, chaque famille gérant ses affaires elle-même ; les seules fonctions officielles pouvant être celles de Maire de Grand'Cave et celle de Thain. Les familles, les clans, jouaient également un grand rôle dans l'organisation de la Comté, les plus importantes étant celles des Touque et des Brandebouc.

Bree

S'il n'était pas situé au carrefour de deux voies de commerce majeures, le Pays de Bree serait une simple communauté agricole, mais son emplacement stratégique lui a donné un tout autre rôle. Le village de Bree est situé sur le flanc d'une colline qui domine l'intersection de la Grande Route de l'Est et de la Vieille Route du Nord. De nombreux Nains et Humains passent régulièrement et s'arrêtent dans les tavernes, comme à l'Auberge du Poney Fringant, mais les habitants de Bree conservent un caractère renfermé et ils évitent de parler aux étrangers. Le fait le plus remarquable est que la population de Bree est composée à la fois de Hobbits et d'Humains, cas unique dans la Terre du Milieu, les deux races coexistant harmonieusement.

Prosper Poiredebeurré

Prosper Poiredebeurré est l'aubergiste à Bree de la taverne du Poney Fringant au temps de la Guerre de l'Anneau. Il a à son service deux Hobbits, Bob et Nob. Il est toujours très pressé et il ne pense pas toujours à tout, mais il est accueillant et joyeux. C'est un Homme, gros et court, chauve, à la figure rouge.

Les Anneaux

Dirigé par J.R. Lecocq

« Trois Anneaux pour les Rois Elfes sous le ciel,
Sept pour les Seigneurs Nains dans leurs demeures de pierre,
Neuf pour les Hommes Mortels destinés au trépas,
Un pour le Seigneur des Ténèbres sur son trône
Dans le pays de Mordor où s'étendent les Ombres.
Un Anneau pour les gouverner tous,
Un Anneau pour les trouver,
Un Anneau pour les amener tous et dans les ténèbres les lier
Au pays de Mordor où s'étendent les Ombres. »

Ainsi commence *Le Seigneur des Anneaux*

l'Anneau Unique

L'Anneau Unique est le plus puissant des Anneaux de Pouvoir, forgé par Sauron dans les feux de l'Orodruin.

Entre autres pouvoirs, l'Anneau permettait à son porteur de se rendre invisible et s'il était mortel lui conférait un prolongement indéfini de sa vie. Ainsi Gollum vécut plus de 500 ans dans les Monts Brumeux et Bilbon dépassa les 131 ans, un record pour un Hobbit !

Pendant le Second Âge, Sauron se mêla aux Elfes et leur enseigna de grandes choses sur la fabrication des Anneaux et sur les pouvoirs que l'on pouvait leur conférer. Aussi les Noldor d'Eregion se mirent à forger les Anneaux de Pouvoir. Sauron, dont le désir était d'assujettir les Elfes pour leur puissance, conçut secrètement le Maître Anneau qui gouvernait tous les autres. Les pouvoirs des autres Anneaux étaient liés aux siens et durèrent tant que l'Anneau Unique ne fut pas détruit.

Quand Sauron portait le Maître Anneau, il connaissait toutes les

l'Orodruin – le Mont du Destin

L'Orodruin est une montagne volcanique active qui se dresse solitaire sur le plateau basaltique de Gorgoroth au Mordor. De forme à peu près conique à sa base, elle mesurait environ 50 kilomètres de diamètre pour un peu moins de 1500 mètres de haut, surplombée par un immense cratère.

En son cœur, Sauron y forgea l'Anneau Unique vers l'an 1600 du Second Âge et à chacune de ses montées en puissance le volcan s'éveillait, projetant des nuages denses et noirs qui s'étendaient bien au-delà des frontières du Mordor, comme ce fut le cas lors de la Guerre de l'Anneau.

actions des autres Anneaux et les pensées de leurs porteurs qu'il pouvait influencer. Pour cela, il dut mettre une grande partie de son propre pouvoir dans l'Unique car les Anneaux Elfiques était très puissants, et celui qui voulait les commander devait l'être encore plus. C'est pourquoi la possession de l'Anneau Unique fut si importante à la fin du Second et du Troisième Âge car de lui dépendait la force et la victoire du Noir Ennemi.

Le grand péril lié à cet Anneau vint justement de l'incommensurable pouvoir de domination que lui conféra Sauron. Isildur, le premier possesseur après Sauron, fut subjugué par l'Anneau et ne voulut pas le détruire, ce qui causa sa perte. Gollum fut entièrement dévoré par le pouvoir de l'Anneau, qui le tourmentait jour et nuit, même après qu'il en fut dépossédé. Gandalf puis Galadriel refusèrent de le prendre, par peur de se corrompre eux-mêmes. Saroumane était obnubilé par l'envie de le posséder, même s'il n'avait fait que l'étudié sans jamais le voir.

L'Unique, dans une certaine mesure, possédait une volonté propre qui lui permettait de se protéger. S'il advenait que son porteur eût une volonté moins forte que la sienne, l'Anneau l'utilisait à ses propres fins sans que le porteur ne s'en aperçoive. C'est de lui-même que l'Anneau glissa du doigt d'Isildur (voir page 45), qu'il se laissa perdre par Gollum afin qu'un autre porteur le trouve et le conduise auprès de son créateur qui l'appelait de tout son esprit.

Les Porteurs de l'Anneau furent dans l'ordre : Sauron qui le forgea, Isildur qui le prit du doigt de Sauron en 3441 du Second Âge et le perdit dans les eaux de l'Anduin en l'an 2 du Troisième Âge, Déagol qui le retrouva vers 2460 du Troisième Âge, Sméagol qui tua son cousin pour le posséder et devint Gollum, Bilbon qui le trouva dans les cavernes des Monts Brumeux en 2941 et fut le seul à s'en départir de sa propre volonté en 3001, Frodon qui le mena jusqu'en Mordor et enfin Samsagace qui le porta un court instant pour son maître dans les Monts de l'Ombre, puis à nouveau Gollum qui le vola à Frodon et tomba dans la lave des Crevasses du Destin et détruisit finalement l'Anneau en 3019 Troisième Âge.

les Trois Anneaux des Elfes

Vilya était le plus puissant des Trois Anneaux Elfes créés par Celebrimbor. Forgé en or et serti d'un saphir, il fut donné à Elrond pour maintenir un îlot de savoir et d'art sur la Terre du Milieu. On peut présumer que c'est grâce à son pouvoir que fut provoquée la crue de la Bruinen qui emporta au gué les Nazgûl poursuivant Frodon.

Forgé de mithril et serti d'un diamant, Nenya fut donné à Galadriel qui l'utilisa pour préserver la beauté de la Lórien face à l'emprise du temps, en cette période de crépuscule des Elfes de la Terre du Milieu.

De part sa couleur, la pierre dont Narya était serti devait être un rubis. Son pouvoir principal était d'enflammer les cœurs et de donner le courage de combattre le Mal, comme l'a illustré Gandalf dans sa lutte à distance contre Sauron. Il suscita réconfort et motivation aux hommes qui perdaient espoir lors de la Guerre de l'Anneau.

« Le courage se trouve parfois dans des endroits inattendus » (Gildor)

Mœurs et rites des peuples d'Arda

Arda et la Terre du Milieu

par Claire Panier-Alix

« Les Semi-Hommes sont gens courtois, quoiqu'ils puissent être d'autre » (Faramir)

[Fragment de l'anthologie « Les Mondes Perdus » des publications de l'œil du Sphinx[1]]

« Ceux des Ainur qui le voulurent se levèrent et entrèrent dans le Monde au commencement des temps, et ce fut leur tâche que de l'achever et leur travail que d'accomplir la vision qu'ils avaient entrevue. Ils œuvrèrent longtemps dans les espaces d'Eä, qui sont plus vastes que ne peuvent le concevoir les Elfes ou les Humains, jusqu'à ce qu'au moment assigné fût créé Arda, le Royaume de la terre. Puis ils prirent la vêture de ce monde et y descendirent et depuis lors y demeurent » (Le *Silmarillion*, « Valaquenta », p. 16[2])

I
REPÈRES GÉOGRAPHIQUES

a - Arda :

« EÄ ! » (« Que cela soit ») murmura Ilúvatar lors de la conception du monde. Eä est l'univers matériel, le monde, le socle géographique de l'univers de Tolkien.

Arda, ou « La Terre », est la terre originelle, conçue et désignée par Ilúvatar pour être la demeure de ses Enfants. Elle fut façonnée symétrique et tempérée, une sorte de paradis originel comme l'imagine la Chrétienté, mais la malice de Melkor et la guerre qui opposa ce dernier aux Valar nuancèrent sérieusement cet aspect premier :

À l'origine, Arda était plate et ronde, encerclée par Ekkaia, la « Mer Extérieure » à son tour ceinte par les Murs de la Nuit. Il y avait deux continents, immenses : Aman, et la Terre du Milieu, séparés par Belegaër, « La Grande Mer » (ou encore « La Mer de l'Ouest », « La Grande Eau »). Sous Arda se trouvait (ou se trouverait ?) un rocher monumental, percé de grottes, dont on ne sait pas s'il reposait lui-même sur quelque chose. Ce sont les Abysses[3]. Surplombant le tout, le « Voile d'Arda » : l'atmosphère. Au-delà encore, Ilmèn, une région (définie comme telle) se trouvant au-dessus des airs, la résidence des étoiles.

Taniquetil était la plus haute montagne

1. Association l'œil du Sphinx 36-42 rue de la Villette 75019 PARIS - email : pmarlin@infonie.fr
2. de l'éd. Christian Bourgois de 1993
3. Sous les « Timeless Halls d'Ilúvatar »

d'Arda, au sommet de laquelle habitaient les Ilmarin, Manwë et Varda. On l'appelle aussi « La Montagne Blanche » ou « La Montagne Bénie ».

Lors du Changement du Monde, occasionné par la guerre évoquée ci-dessus, Ilúvatar arracha littéralement Aman d'Arda, et fit de cette dernière le monde sphérique sur lequel nous habitons. Les légendes disent qu'elle retrouvera sa forme première (et donc son essence originelle) à la Fin des Temps.

La Grande Mer de l'Ouest, le Belegaër, séparait donc Aman de la Terre du Milieu. Elle s'étendait depuis Helcaraxë, au Nord, jusqu'au Sud le plus extrême d'Arda, qui n'est répertorié sur aucune carte. Les principales îles de Belegaër étaient Balar, Númenor, les îles Enchantées, et Tol Eressëa.

b - Númenor :

« l'Occidentale » (son nom entier en langue elfique quenya est « Nûmenorë ») était une grande île qui avait été conçue par les Valar pour que les Edain s'y installent à la fin du Premier Âge. Ses habitants, les Númenoréens, étaient humains, et portaient aussi le nom de Dúnedains. Lorsque ces derniers tentèrent d'investir de force Valinor et Eressëa (terres elfiques), une guerre terrible s'engagea qui s'acheva par la destruction totale de Númenor, et la séparation d'Aman et de Tol Eressëa du monde matériel. Númenor tient donc une place bien particulière dans cet essai sur les Mondes Perdus, et il en sera largement question par la suite. On lui connaît de nombreux noms, dont : Anadûnë, Andor, Elenna, ou le Pays de l'Étoile. Après sa submersion, on la retrouve sous les noms d'Akallabêth, Atalantë ou Mar-nu-Falmar.

c - Aman :

Le vaste continent occidental qui s'étendait entre la mer Belegaër et la mer Ekkaia lorsqu'il appartenait encore à Arda et au monde matériel n'est connu que par les légendes, et comme l'île d'Avalon, sa réalité et sa géographie sont incertaines.

L'île, immense, était découpée par une colossale chaîne montagneuse en forme de croissant, les Pelóri, partant de l'Est depuis Ekkaia pour former la frontière du royaume de Valinor au Nord, à l'Est et au sud. Une seule brèche existait dans cette barrière monumentale : le grand ravin Calacirya, « la fissure de lumière », ainsi appelée car la lumière des Deux Arbres sacrés de Valinor[4] pouvait y passer pour aller illuminer Eldamar. Après l'empoisonnement des Arbres, les Valar fortifièrent la passe et la rendirent infranchissable. Tirion, la principale cité d'Eldamar, se trouvait dans la région de Calacirya sur la colline de Túna. Tirion avait des murs d'une blancheur éclatante, et des escaliers de cristal. Sa plus haute tour, Mindon Eldaliéva, se trouvait au pied de

4. Telperion le Blanc et Laurelin le Doré constituent l'une des plus prodigieuses créations des Elfes Valar. Conçus à l'aide d'un chant de pouvoir de l'Ainur Aratar Yavanna et par les larmes de l'Ainur Aratar Nienna, les Arbres naquirent lorsque Valinor fut pleinement établie. Ils grandirent sur Ezellohar, et leur lumière illuminait les royaumes de Valinor, Eldamar et plus tard Tol Eressëa alors que Varda récoltait leur rosée dans de grandes cuves, les Fontaines de Varda. Plus tard, les Silmarils, les Joyaux de Fëanor, donneront la même lumière bienfaitrice et pleine de pouvoirs. Melkor, convoitant la Lumière, empoisonnera les arbres, asséchera les Fontaines de Varda et volera les Silmarils, provoquant la longue et terrible guerre relatée dans le *Silmarillion*. La lumière des Arbres courait sur un cycle quotidien de 12 heures, durée d'un jour dans l'Année des Arbres, temps elfique.

l'Arbre Blanc des Eldar, Galathilion, identique à l'un des deux arbres de Valinor, Telperion le Blanc, mais ne produisant aucune lumière.

Valinor, le pays des Elfes Valar qui porte aussi le nom de « la Plaine Fortifiée », se situait au-delà des montagnes Pelóri, au centre d'Aman, légèrement à l'ouest. Eldamar commençait à l'ouest de la grande courbe formée par les Pelóri près du ravin Calacirya, alors qu'au Nord s'étendait le Désert d'Araman, et au sud le Désert d'Avathar.

Aman, comme Tol Eressëa, fut arrachée d'Arda lorsque celle-ci devint ronde après la destruction de Númenor.

d - La Terre du Milieu :

Ce sont les « Grandes Terres » qui se trouvent à l'Est de la Grande Mer (Belegaër), après qu'Ilúvatar ait déraciné Aman et Tol Eressëa d'Arda après avoir fait une sphère de celle-ci. Cette appellation a cours jusqu'aux années 1930 dans les manuscrits de Tolkien, puisque jusqu'à cette date le terme de « Terre du Milieu » n'est jamais utilisé par l'auteur. « Les Grandes Terres » sont couramment employées dans « Les Contes Perdus »[5], mais il faut signaler qu'il s'agit de la correction de « Terres Extérieures » employé jusque-là dans ses carnets.

Ce continent est géographiquement le sol où se déroulent la plupart des événements relatés par Tolkien. Pour résumer, on dira que du point de vue des personnages du Seigneur des Anneaux, la Terre du Milieu est la terre historique et celle, bien réelle, sur laquelle ils vivent ; et les autres terres évoquées, celles des légendes et des mythes par laquelle ils connaissent (ou imaginent) leur histoire.

On ne peut évoquer tous les lieux dont il est question dans l'œuvre de Tolkien, se rapportant à la Terre du Milieu. Il existe des Atlas complets traitant du sujet (voir bibliographie), et la seule lecture de la trilogie du *Seigneur des Anneaux* suffit pour se rendre compte de l'immense travail créatif effectué par Tolkien. Cependant, il faut préciser qu'on ne connaît dans le détail (mais parfaitement) que le Nord-Ouest du continent, partie dans laquelle se déroule l'essentiel du (des) récit(s). En voici quelques éléments...

• **Le Beleriand**, aussi connu comme « Le Pays de Balar » ou « pays des Elfes », se composait à l'origine des territoires situés autour de l'embouchure du fleuve Sirion, face à l'île Balar. Par la suite, le Royaume de Beleriand s'étendit à toutes les terres partant des anciennes côtes du Nord-Ouest de la Terre du Milieu jusqu'à l'estuaire du fleuve Drengist, ainsi qu'à tout l'arrière-pays du Sud d'Hithlum, et à l'Est, jusqu'aux Montagnes Bleues[6].

À l'origine, Beleriand était le pays des Elfes Sindar de Doriath, et des Falas, plus tard rejoints par les Laiquendi de Beleriand, les Noldor de Nargothrond, Himlad, les Beleriand de l'Est et les Edain. Peu à peu, le Beleriand fut envahi par les troupes de Morgoth, détruit lors de la Grande Bataille, à la fin du Premier Âge, et englouti par la mer. Seul Ossiriand (Lindon) survécut.

5. *Le Livre des Contes Perdus* (*The Lost Tales*), J.R.R. Tolkien, vol. I et II chez Christian Bourgois éditeur, 1995 et 1998

6. Les Montagnes Bleues constituent une chaîne en forme de croissant qui borde la « péninsule » du nord sur la carte N-O de la Terre du Milieu.

• **Dor Daedeloth**, au Nord, était le territoire de Morgoth : « le Pays de l'Ombre et de l'Horreur ».

• Au Nord-Est il y aurait une mer intérieure, **Helcar**, à l'emplacement où se serait trouvée autrefois la montagne portant la lampe d'Illuin. Le lac de Cuivénen est décrit comme étant une baie de cette mer, ce qui est assez étrange...

• **Cuivénen**, ou « l'Eau de l'Éveil », était un lac de la Terre du Milieu dont la légende racontait que c'était là qu'étaient nés les premiers Elfes, découverts par Oromë. En tout cas, c'est de Cuivénen que partit la Grande Marche vers l'Ouest des Eldar (jusqu'à Tol Eressëa qui fut alors arrachée à Arda et conduite hors du monde matériel : la Baie d'Eldamar serait l'emplacement originel de la terre d'Eressëa, quand elle n'était pas encore une île).

• **Eriador** était un pays situé entre les Montagnes de l'Ombre et les Montagnes Bleues, au Nord. C'est là que se trouvait le pays des Hobbits, la Comté, mais aussi le Royaume d'Arnor. Au nord d'Eriador, il n'y avait qu'un vaste désert. C'est la limite septentrionale de la carte de la Terre du Milieu dont nous disposons grâce aux indications laissées par Tolkien. Au sud des Montagnes Bleues, brisées par le Golfe de la Lune (estuaire du fleuve Lune (Lhûn)), se trouvent les Havres Gris, à l'ouest desquels vivait paisiblement la Comté des Hobbit. Dans le nord d'Eriador subsiste une terre qui fut jadis un royaume à part entière, Arnor. À l'ouest de celui-ci, presque aux pieds des Monts Brumeux[7]. Plus au sud, toujours à l'ouest des Monts Brumeux, vivaient les Noldor, dans leur royaume **Eregion**, « le Pays du Houx ». C'est là que furent forgés les Anneaux des Elfes, et c'est là que se trouvait la Mine de la Moria dans l'un des royaumes : **Khazâd-dûm**, les grandes cavernes des Nains de la race de Durin dans les Montagnes de l'Ombre.

• **Rivendell**, « la Profonde vallée dans la Faille », aussi appelée Imladris, était la demeure d'Elrond. Elle se trouvait près des Monts Brumeux.

• À la même latitude qu'Eregion, mais de l'autre côté des Monts se trouvait la **Lórien**. Ce pays, terre des Elfes, était gouverné par Celeborn et Galadriel, qui lui avaient donné ce nom en souvenir de la Lórien de Valinor (c'était le nom des jardins et de la demeure du Valar Irmo, maître des visions et des rêves qui s'appelait lui-même Lórien). Son autre nom est Lothlórien (l'utilisation du préfixe loth- (« fleur » en sindarin, langue des Elfes sindar) rappelant aussi les jardins perdus de Valinor).

• Au Sud se trouvait **Gondor**, « le Pays de Pierre ». C'était un royaume númenoréen qui avait été fondé par Isildur (ancêtre d'Aragorn) et Anárion. La principale cité de Gondor était Minas Tirith. Au nord, il y avait **Rohan**,

7. Les Monts Brumeux, ou Montagnes de la Brume, constituent la partie nord d'une immense chaîne qui coupe de bas en haut en serpentant la Terre du Milieu. Cette chaîne comprend notamment, du nord au sud : les monts d'Angmar, les Monts Brumeux, l'Hithaiglin, l'Edoras (au sud, en Gondor), les Montagnes Blanches, et le Mont Mindolluin (Minas Tirith). À partir de là, la chaîne part vers l'Est en prenant une forme de tenailles ouvertes sur les terres orientales : une brèche permet d'y pénétrer, Minas Morgul. Ce sont les terres du Mal : le Mordor. En prenant cette étrange chaîne en forme de pince du nord-est au sud-ouest, on trouve les Monts Cendrés (Ered Lithui) (au centre desquels se trouve Barad-dûr), Isenmouthe, le plateau de Gorgoroth, les Monts de l'Ombre (Ephel Duath) (par le milieu desquels on entre en Mordor par Minas Morgul et qui descendent ensuite vers l'est en croissant.)

« Il est des blessures
que l'on ne peut
entièrement guérir »
(Gandalf)

le « Pays des Chevaux », une grande plaine herbeuse autrefois appelée Calenardhon. Gondor s'ouvrait sur la mer Belegaër par la Baie de Belfalas (aussi dite « de Bel »), qu'il partageait avec la terre d'Humbar.

• À l'est des montagnes qui constituent les frontières orientales de Gondor commençaient les terres du mal : **Mordor**, le Royaume de Sauron, communément appelé « le Pays Noir », ou « le Pays de l'Ombre ».

Ephel Dúath, « le Rempart d'Ombre », était la chaîne montagneuse qui séparait Gondor de Mordor.

Au sud de la forêt de Mirkwood (au 3e Âge) se trouvait Dol Guldur, « le Mont du Sorcier », forteresse du nécromancien Sauron.

• À l'Est de la Terre du Milieu s'étendait **Hildorien**, le pays qui avait vu naître les Premiers Hommes (« les nouveaux venus », « les Hildor »).

Il y a (littérairement) une importante expansion géographique au cours des récits morcelés qui constituent les *Contes Perdus* (1916-1917) avant le *Silmarillion* (1937), allant s'élargissant depuis le centre pour repousser Beleriand vers (puis dans) l'Ouest, jusqu'à la submersion de Beleriand à la fin des Jours Anciens. Entre les deux recueils, de nombreuses années se sont écoulées, et les indications, tant géographiques qu'historiques fournies par l'auteur (ces textes semblent devoir constituer une sorte d'Histoire des terres du Milieu, assez proche du Livre Rouge écrit par Bilbo le Hobbit et signalé à plusieurs reprises dans le *Seigneur des Anneaux*). Quoi qu'il en soit, tout est mouvant dans les relations de ces jours si anciens, de ces mondes perdus, disparus, oubliés. Plus qu'aucun autre, ils se veulent perdus, du moins pour nous autres, Humains.

II

LES MONDES PERDUS DE TOLKIEN:

Des terres imaginaires nées d'une Angleterre « scandinave » archaïque ?

Note de l'auteur : Je vais aborder ici un aspect un peu hasardeux de la géographie de Tolkien. Consciente de la difficulté de la chose, je sais que beaucoup d'amateurs de J.R.R. Tolkien sont sceptiques sur la théorie qui suit, mais on ne peut s'intéresser à la question des Mondes Perdus sans éveiller ce type de réaction. Je prends délibérément le parti d'affronter les remarques éventuelles de ceux qui oublieront que les Terres du Milieu sont imaginaires, donc imaginées, et de surcroît par un spécialiste des folklores anglo-saxons, scandinaves et autres. Il va de soi que lorsque je dis « telle terre a pour origine telle autre », ou bien « Arda est une Angleterre archaïque », cela signifie, pour les rationalistes égarés dans nos Mondes Perdus : « dans l'inspiration, dans l'idée initiale de l'auteur ». Cela étant dit, allons-y.

Avec Le Livre des Contes Perdus *: l'Angleterre*

Les récits de Tolkien se situent presque toujours dans le Nord-Ouest de la Terre du Milieu, ce qui rend aisé un rapprochement géographique entre le Beleriand archaïque et l'Angleterre. Mais ça ne l'est véritablement que pour les écrits les plus anciens de Tolkien, ceux des années 1915-1920, principalement réunis dans *Le Livre des Contes Perdus*. Par la suite, dans *Le Silmarillion* (années 1940), la plupart des références ont disparu, et le monde élaboré durant toute une vie a pris son envol, et son existence « séparée ». En d'autres termes, le Beleriand ne peut être vu comme une Angleterre parallèle que dans le cadre très restreint des *Books of Lost Tales* originels.

« J'étais depuis longtemps chagriné par la pauvreté de mon propre pays bien-aimé : il ne possédait pas d'histoires propres (liées à sa propre langue et à son propre sol), pas de la qualité que je recherchais, et trouvais (comme ingrédient), dans les légendes d'autres pays. Il y en avait de grecques, et de celtes, et de romanes, d'allemandes, scandinaves et finlandaises (qui me touchèrent grandement) ; mais rien d'anglais, hormis des choses d'une qualité appauvrie de « légendes romancées » populaires. »[8]

Le marin Eriol, dans les *Contes Perdus*, parvient sur l'île elfique Tol Eressëa au terme d'un long voyage vers l'Ouest, où lui sont racontées les légendes et les histoires d'Elfinesse, qu'il rapportera ensuite chez les hommes. Il semble que ce personnage ait un rôle plus important qu'il n'y paraît : dans l'un des innombrables carnets de Tolkien, intitulé *Histoire de la Vie d'Eriol*, ce personnage est mis en relation directe avec l'un des sujets favoris de l'auteur (en tant que professeur) : l'invasion des îles britanniques par Hengest et Horsa au Ve siècle après J.-C. Tolkien a donné des cours sur ce sujet à l'Université d'Oxford, s'intéressant au conte *Beowulf* dans lequel apparaît Hengest.[9] Il ressort de cette étude que le personnage d'Eriol aurait des origines britanniques et/ou scandinaves. Or, s'il a navigué depuis sa terre natale comme le récit le sous-entend, et qu'il vient bien d'Angleterre[10], l'île sur laquelle sont partis les Elfes, Tol Eressëa, qui s'est littéralement arrachée au monde ancien, cela donne un sens plus qu'intéressant bien que contesté à la géographie de Tolkien : l'Angleterre et les îles britanniques des Jours très Anciens où l'Homme n'était ni seul, ni prépondérant, ni même adulte, seraient une Angleterre parallèle à celle connue par Tolkien.

Ni tout à fait la même, ni tout à fait

8. Lettre à Milton Waldman, 1951 *The Letters of J.R.R. Tolkien* (p. 143-144), éd. Carpenter, Allen & Unwin, 1981, p. 144, traduction © éd. Christian Bourgois.

9. *Finn and Hengest*, J.R.R. Tolkien, Alan Bliss, 1982 : je ne le connais que dans cette édition anglaise. C'est un essai assez pointu, contenant les textes dans les deux langues, un long commentaire de texte. À mettre en relation avec « Beowulf : an introduction to the study of the poem », de R.W. Chambers (éd. Cambridge), et l'excellent « Widsith : a study in old english heroic legend » du même auteur. Le livre de Tolkien présente par ailleurs une très longue bibliographie sur le sujet.

10. La plupart des noms qui sont attachés à ce personnage sont directement inspirés de l'anglais ou du scandinave, ce qui est exceptionnel dans l'œuvre de Tolkien où tous les noms sont créés à partir des langues elfiques, gnomiques ou autres qu'il a élaborées. Par exemple, son père est Eoh, mot du vocabulaire poétique du vieil anglais « Cheval » ; son frère est Beorn (« guerrier » en vieil anglais, proche du scandinave björn, « ours », etc.). Eriol s'est installé sur l'île du nord, Heligoland, et épouse Cwén (« épouse » en vieil anglais) dont il a deux fils, « du même nom que son père », Hengest (qui veut dire « cheval » en vieil anglais) et Horsa.

une autre. Une terre à la fois imaginaire et perdue.

Alors Lindo dit : « que narreront les contes ce soir ? Narreront-ils les Grandes Terres, et les demeures des Hommes ; les Valar et Valinor ; l'Ouest et ses mystères, l'Est et sa gloire, le Sud et ses contrées sauvages qui n'ont jamais été foulées ; le Nord et son pouvoir et sa force ; ou bien cette île et son peuple; ou les jours anciens de Kôr où demeura auparavant notre peuple ? »[11]

La Terre du Milieu connue par la trilogie du *Seigneur des Anneaux* ou par *Le Silmarillion* s'est tout à fait éloignée de cette conception première, et il est impossible, désormais, d'établir un parallèle avec l'Angleterre. D'ailleurs, cette dernière est une île, alors que la Terre du Milieu est un vaste continent. Les îles originelles (in *Book of Lost Tales*) ont disparu, sinon dans les légendes que se racontent les personnages, pour laisser place à des terres typiquement continentales, comme la Lórien ou le Mordor pour lesquels nous avons des cartes précises. Elles sont la lointaine histoire, les mythes, les Mondes Perdus[12] des habitants de la Terre du Milieu. Ainsi, il n'y a pas de cartes sérieuses et exploitables de Tol Eressëa ou d'Aman, des terres originelles dont parlent les légendes elfiques. Tolkien n'a laissé que des schémas confus et illisibles, parfois même contradictoires[13].

À partir du Silmarillion *:* *l'Europe et l'Afrique du Nord*

Pourtant, et cela est confirmé par Tolkien lui-même dans ses lettres, s'il faut établir un parallèle entre son monde imaginaire et le nôtre, il faut laisser de côté l'Angleterre et les îles britanniques pour s'intéresser à l'Europe et à ses environs.

La comparaison reste hasardeuse, mais Umbar, sur la carte que l'on a dans *Le Seigneur des Anneaux*, ressemble beaucoup à la côte africaine, et la mer d'Helcar peut, dans certains passages, évoquer la Méditerranée, bien qu'elle disparaisse dans les récits les plus tardifs (à partir du *Seigneur des Anneaux*).

Par ailleurs, si j'ai signalé plus haut une forte inspiration d'origine scandinave dans les textes anciens de Tolkien, il n'en est plus de même pour la suite, et notamment au niveau de la sémantique. Alors qu'il fabriquait ses histoires en puisant dans les mythes scandinaves, et ses noms dans l'anglais ancien ou le vieux nordique, il élabore par la suite de véritables langages qui sont de nos jours affaire de spécialistes au même titre que les langues « historiques »[14] : ainsi, les langues des Nains et des Númenoréens sont typologiquement des langues de type sémitique, du genre de l'arabe ou de l'hébreu, ce qui conforte l'idée européenne et africaine de la localisation d'origine. Par ailleurs,

11. *Le Livre des Contes Perdus*, tome I, « la Chaumière du Jeu Perdu ».

12. L'histoire de Númenor ressemble à s'y méprendre au mythe de l'Atlantide, et sa géographie est imprégnée par la mythologie grecque ; quant à sa civilisation, elle évoque l'Egypte antique, voire la Crète minoenne.

13. On les trouve reproduits dans le volume 4 de *The History of Middle-Earth* : « The Shaping of Middle-Earth », au nombre de 5, et appelés « diagrammes » par Christopher Tolkien qui tente courageusement de les rendre explicites…

14. Les nôtres.

je signale que les plus célèbres de ces langues « inventées », le Quenya[15] et le Sindarin, langues elfiques, sont typologiquement plus proches du Gallois (ce qui nous ramène à la Grande Marche vers l'Ouest des Elfes vers Valinor, peu après leur éveil).

Ce qu'en a dit Tolkien :

« a kind of legendary and history of a forgotten epoch. »

L'œuvre de J.R.R. Tolkien, telle que nous la connaissons, est celle de toute une vie. Lorsque l'on pense à la multitude d'écrits et autres études parues sur lui et sur son monde, ou à la lecture de son abondante correspondance, on peut être étourdi par les nombreuses incohérences qui apparaissent quant à sa conceptualisation d'Arda.

C'est qu'il a écrit, réécrit, réinventé, affiné sans cesse cet univers, et la (les) mythologie(s) qui lui est attachée. Il y a d'énormes écarts entre l'Histoire de la Terre du Milieu, relatée dans les années 1915-20, et celle que nous connaissons mieux, des années 1940 et suivantes (*Le Silmarillion* et la trilogie du *Seigneur des Anneaux* ont bénéficié de cette lente et rigoureuse maturation, mais leur incroyable succès en librairie a aussi contraint l'auteur à se pencher sur des aspects qu'il n'avait peut-être pas consciemment explorés, à l'occasion des nombreuses lettres échangées avec ses admirateurs, des colloques et autres articles de journaux parlant de lui). L'engouement d'un public désireux de se plonger davantage dans ce monde donne ainsi une dimension exceptionnelle à l'œuvre de Tolkien.

Ainsi, cette question des origines et des correspondances de la Terre du Milieu avec l'Angleterre et/ou la Scandinavie trouve plusieurs réponses paradoxales dans le courrier de l'auteur, suivant l'année de rédaction, comme si, à l'occasion du problème soulevé, Tolkien y avait réfléchi après coup et fabriqué sur pièce sa propre théorie. Parfois, il l'a admise et même, s'en est expliqué : « Je suis historiquement prédisposé. La Terre du Milieu n'est pas un monde imaginaire. Le nom est la forme moderne (apparue au XIIIème siècle et toujours en usage) de midden-erd – middel-erd, une ancienne appellation pour l'oikoumené (...) objectivement le monde réel, par opposition aux mondes imaginaires (comme Faërie) ou invisibles (comme l'Enfer ou le Paradis). Le théâtre de mon récit est cette terre, celle sur laquelle nous vivons, mais la période historique est imaginaire. »[16] Il cite plus loin le nord de l'Europe occidentale, mais sur la fin, comme dans la lettre à Charlotte et Christopher Plimmer[17], il affirme, après un exposé un peu compliqué[18], qu'on pourrait seulement imaginer une origine spirituelle de la Terre du Milieu en Europe du Nord, mais que ce schéma reste pour lui inapplicable, tant géographiquement que spirituellement.

15. Il subsiste néanmoins d'évidentes origines scandinaves dans la sonorité et la topologie de la langue quenya (voir l'article sur les langues page 89).

16. *The Letters of J.R.R. Tolkien* (p. 143-144), éd. Carpenter, Allen & Unwin, 1981 N° 183 datée du 22 janvier 1956 tirée de notes sur un article de W.H. Auden sur *Le Seigneur des Anneaux* paru dans *The New York Times Book Review*.

17. Lettre 294, du 8 février 1967.

18. Il répond point par point à des lettres dont nous n'avons pas le texte.

« La nécessité ne souffre aucun délai, mais mieux vaut tard que jamais »
(Eomer)

Pour ce qui est de la sémantique et de la linguistique, il dit[19] qu'il regrette d'avoir été obligé d'utiliser certaines terminologies d'origine nordique (scandinave et/ou germanique) comme le mot elfe ou orc. Sa propre vision attachée à ces vocables correspondait en réalité à un folklore ancien et traditionnel, souvent sans équivalent en anglais, ou déformé. Pour les Elfes, par exemple, il dit qu'il était conscient –et le regrettait pour la compréhension de son monde tel qu'il l'a pensé– que ce terme (et les images associées) ait été détourné et déformé dans l'imaginaire des gens (des Anglais) par des auteurs tels que Shakespeare.

Tolkien admet également s'être largement inspiré des mythes et légendes nordiques pour nommer certains personnages, comme Gandalf, curieusement repris du nom d'un Nain célèbre de la *Völuspá* (texte épique et fondateur de la Scandinavie médiévale, l'*Edda* du moine Snorri Sturluson[20]), Gandalfr. La plupart des Nains chez Tolkien sont d'ailleurs issus d'une liste de noms de Nains de la *Völuspá*. Il en est de même pour certains lieux, comme Rohan, ou la Moria, tiré d'un autre récit scandinave traduit par Dasent, *The Moria Castle*[21].

Pour Tolkien, finalement, la Terre du Milieu n'est pas un monde imaginaire. Il s'en explique dans plusieurs lettres[22], mais je n'évoquerai ici que celle qu'il écrivit en 1955 (n° 165, p. 217) : « Cette "histoire" est sensée se dérouler au cours d'une période de l'actuel Vieux Monde (Europe) de cette (notre) planète ».[23]

Ainsi, et il le répète dans une autre lettre[24], il préfère utiliser notre terre (géographie) dans un temps imaginaire plutôt que d'en créer une physiquement ou de déplacer son récit sur une autre planète. Il souligne d'ailleurs à l'occasion sa défiance face aux fictions se référant aux autres planètes et aux aliens, bien qu'acceptant un parallèle créatif entre sa motivation et celle des auteurs de Science-Fiction.

Pour Tolkien, il est simplement fascinant de se retrouver dans un lieu familier si celui-ci est sublimé par « l'enchantement de la distance du Temps ».[25]

19. Lettre 151 datée du 18 sept. 1954, pp. 185-186.

20. XIIIème siècle, Islande.

21. Tolkien expose longuement comment il a élaboré noms et vocables à partir de consonances et/ou de sens qui plaisaient dans les traditions anglaise, latine, grecque et nordique, dans la lettre 297 (août 1967).

22. Lettres 165, 183, 211 et 154.

23. On trouve par exemple des rapports évidents entre les Númenoréens de Gondor et l'Égypte Ancienne, confirmés par la lettre 211, page 277, illustrée par des croquis de la main de Tolkien.

24. Lettre 211, à Rhona Beare, 14 oct. 1958, p. 277.

25. Lettre 183.

III
les trois visions du mythe du « monde perdu » chez Tolkien[26]

• TOL ERESSËA : ses falaises sont « emplies d'un bavardage et d'une odeur de poisson, et de grands conclaves se tiennent sur leurs escarpements » (allusion aux nombreux oiseaux marins qui y ont élu domicile une fois qu'Ossë a ancré les îles au fond de la mer). Tol Eressëa est son nom dans le langage des fées (= elfes), mais elle porte aussi bien le nom de Dor Faidwen dans celle des Gnomes, ce qui signifierait « le Pays de la Libération ». Elle se trouve très à l'ouest, après son long périple. Son histoire est notamment racontée dans le premier des « Contes Perdus », déjà évoqué, « la Chaumière du Jeu Perdu ».

Revenons à Eriol, puisque c'est par les récits qu'il récolte que nous connaissons Tol Eressëa.

Marin, il est fasciné par la mer, et les horizons inconnus. Il ne tient pas en place. Il entreprend un nouveau voyage, toujours plus à l'ouest, et parvient sur Tol Eressëa, qu'il nomme « Se Uncùtha Holm » : « l'île inconnue » en vieil anglais. Les notes laissées par Tolkien complètent les contes récoltés par le marin, et confortent la théorie géographique des origines britanniques des terres qu'il a imaginées. Ainsi, le nom que s'est donné Eriol (il est dit aussi que ce sont les Gnomes[27] qui le nommèrent ainsi) : ANGOL, « du même nom que les régions de sa demeure ». Or, Adam Tolkien pense que son père voulait parler de la migration des premiers Anglais depuis leurs terres originelles, en Scandinavie, vers les îles britanniques[28]. En vieil anglais, angel ou angul est le nom d'une région danoise se situant entre le fjord de Flensburg et la rivière Schlei, au sud du Danemark actuel. Ainsi, Eriol/Angol porte le même nom que sa demeure (terre d'origine), le Danemark.

Eriol changera encore de nom dans l'œuvre de Tolkien, pour devenir Aelfwine, « l'ami des elfes », et dans un conte ultérieur du même nom, il est vraiment désigné comme étant un Anglais de la période anglo-saxonne naviguant vers l'ouest par l'Océan Atlantique et découvrant Tol Eressëa par hasard. Ainsi, on peut supposer que l'extraordinaire expédition que fut

26. « Ce ne sont pas là les seuls exemples. Beaucoup de lieux enchantés sont cachés ou dérobés au monde dans Tolkien. Númenor, le Pays de l'Offrande, est «engloutie». Tol Eressëa et plus généralement Valinor disparaît et le chemin pour y accéder, la «Voie Droite», est inaccessible aux Humains. Gondolin est cachée, et le parcours initiatique pour y entrer passe par un long passage sombre. En Ithilien, la forteresse cachée de Faramir est elle aussi invisible, a tel point que Gollum, pourtant à son pied, ne la remarque pas ; on n'y accède que les yeux bandés. Le cœur de la Lórien est lui aussi caché, et là encore un parcours initiatique, les yeux bandés, est requis. L'entrée en Mordor est quasi-impossible par la Porte ; il faut passer par Cirith Ungol, et son long parcours dans les ténèbres. Dans le *Hobbit* même, l'entrée dans la Montagne se fait par un passage secret. Sous une forme moindre, on entre dans la Vieille Forêt par un passage voûté, sous la Haie (peut-être ce caractère est-il amoindri car la scène se passe au début seulement du *Seigneur des Anneaux*, qui commence en douceur. Et je ne parle pas de la Moria, qui apparaît dans le roman comme un passage obligé vers la Lórien! », me précise Gilles Gagnon.

27. comprendre « ceux qui savent ». Il s'agit des gens du Noldor (racine latine).

28. les ancêtres de Tolkien étaient eux-mêmes scandinaves.

l'arrachage des fondations sous-marines de l'île Tol Eressëa et son long voyage vers l'ouest l'ont conduit... à l'emplacement géographique de l'Angleterre que nous connaissons (de la Scandinavie à l'Angleterre, donc). Tol Eressëa serait-elle une vision mythique de l'Angleterre, une sorte de passé imaginaire –culturel– du monde de Tolkien ?

Pourtant, le problème n'est pas résolu pour autant, car en terres elfiques rien n'est simple, et les clefs verrouillent davantage qu'elles n'ouvrent les portes !

Ainsi, si Tolkien dit que le marin Eriol est anglais cela ne signifie pas qu'il soit un « Anglais d'Angleterre », c'est-à-dire un habitant de l'île tel que nous le comprenons[29]. Il le présente comme étant le père (d'un premier mariage) de Hengest et de Horsa, envahisseurs de la Bretagne et découvreur de l'Angleterre dans les «véritables» légendes. Mais de sa seconde épouse, il aurait eu Heorrendall, personnage d'une légende anglaise (et nordique) dont on ne sait rien ou quasiment, mais que Tolkien exploita pour développer son mythe d'un monde –originel– perdu. Il dit aussi que la terre découverte par Eriol, Tol Eressëa, est, ou plutôt sera l'Angleterre que nous connaissons. Ainsi, la cité qui se trouve au centre de l'île Tol Eressëa, Koromas (ou Kortirion) deviendrait la ville anglaise Warwick. De nombreuses correspondances jalonnent les contes, volontairement semées par Tolkien :[30]

Kortirion = Warwick (+ concordance étymologique Kor- et War-)[31]

Alalminorë, le Pays des Ormes = le comté du Warwickshire

Tavrobel = le village de Great Haywood (Comté du Staffordshire)

Pour concevoir et faire admettre sa mythologie de l'Angleterre, Tolkien pensait être obligé d'en créer le contexte, ou du moins d'établir un lien entre la réalité historique et le mythe tolkienien. C'est ici qu'intervient son personnage Eriol et sa double descendance. À cheval entre les deux, sorte de voyageur «spatio-temporel», le marin qui met pied à terre à Tol Eressëa et apprend par la tradition orale locale les légendes –et l'Histoire de l'Ancien Monde d'Arda– devient le chaînon qui manquait à Tolkien pour relier son invention à la réalité historique. Le fait que ce personnage soit lui-même natif d'Angleterre accrédite, en quelque sorte, toutes les

29. au début de *Bilbo le Hobbit*, dans le premier chapitre, il est fait allusion aux bonnes habitudes anglaises se rapportant aux manières et au goût du confort des Hobbits. Le terme « anglais » est clairement employé comme substantif, comme si Tolkien oubliait un instant qu'il œuvrait dans des terres imaginaires... ou s'en fichait. Peut-être que dans son esprit, les Hobbits sont proches de l'Anglais idéal, voire de lui-même.

30. « L'un des aspects les plus inattendus des premiers écrits de Tolkien est sa détermination à identifier l'Angleterre (terre des Angles) à la Terre des Elfes (Elfland). Dès que cette phrase est prononcée, elle apparaît improbable, comme Tolkien a pu le sentir avec la même acuité que n'importe qui. Il persista néanmoins à essayer de faire correspondre les deux lieux. Tol Eressëa, l'Île Solitaire, est l'Angleterre ; Kortirion, la ville des exilés de Kor, est Warwick ; Tavrobel sur Tol Eressëa, « pourrait ensuite être le village du comté de Staffordshire, Great Haywood» (*Book of Lost Tales*, vol. 1, p. 25 éd. Anglaise HarperCollins) », Tom Shippey, *The Road to Middle-Earth*, p. 268.

31. Tolkien rencontre sa future femme à Warwick, et elle séjourne à Great Haywood (est de Stafford) près du campement militaire de Tolkien, en 1917. Par ailleurs, en 1915, Tolkien écrit un poème, Kortirion parmi les Arbres, qu'il dédie à Warwick...

concordances géographiques imaginées par l'auteur[32].

• **VALINOR**, au-delà de l'océan de l'Ouest. En son centre se trouve la cité de Kôr, en souvenir de laquelle fut érigée celle de Kortirion à Tol Eressëa.

« Très belle fut Kôr et les fées l'aimèrent, et elle devint riche de chanson et de poésie et de la lumière des rires ; mais en un temps la grande Sortie de l'Avant se fit, et les fées eussent fait renaître le Soleil Magique de Valinor, n'eussent été la trahison et la faiblesse des cœurs des Hommes. Ainsi est-il que le Soleil Magique est mort et l'Île Solitaire retirée jusqu'aux confins des Grandes Terres, et les fées sont éparpillées de par toutes les larges voies hostiles du monde ; et maintenant les Hommes demeurent même sur cette île pâlie, et ne se soucient pas ou ne savent rien de ses jours anciens. Pourtant toujours se trouve-t-il quelques-uns des Eldar et des Noldoli des temps anciens qui s'attardent encore sur l'île, et l'on entend leurs chants autour des rives du pays qui fut auparavant l'une des plus belles demeures du peuple immortel. »[33]

Après avoir dissimulé Valinor aux yeux des mortels (les Hommes principalement), les elfes Valar Oromë et Lórien reçurent l'ordre de concevoir des chemins secrets et magiques pouvant conduire jusqu'à leur monde perdu. Ces chemins sont évoqués à plusieurs reprises dans les Contes, mais surtout dans « la Chaumière du jeu Perdu » et dans le poème « Toi & Moi » (1915), préfigurant les poèmes de « Les Aventures de Tom Bombadil » (1962). La version la plus courante est celle des Chemins des Rêves, conçus par Lórien, et par lesquels les « enfants des pères des pères des Hommes » vinrent à Valinor pendant leur sommeil.

« Lórien tissa une voie de magie délicate, et elle alla par des chemins tortueux très secrets depuis les régions de l'Est et toutes les vastes et sauvages contrées du monde même jusqu'aux murs de Kôr, et elle passa par la Chaumière des Enfants de la Terre et de là descendit le sentier des Ormes Murmurants jusqu'à ce qu'elle eût atteint la mer. Mais elle jeta des ponts par-dessus les mers sombres et tous les détroits, avec de fines passerelles qui reposèrent sur l'air et luisant de gris comme si elles étaient des brumes soyeuses éclairées par une lune maigre, ou des vapeurs de perle ; pourtant, mis à part les Valar et les Elfes, aucun Homme n'a de ses yeux contemplé cette voie sauf lors des doux sommeils dans la jeunesse de son cœur. La plus longue de toutes les voies est-elle, et ils sont rares à jamais atteindre sa fin, tant de pays et d'endroits merveilleux de séduction et de ravissement traverse-t-elle avant de jamais atteindre Elfinesse, pourtant est-elle lisse sous les pieds, et ne se fatigue jamais celui qui emprunte ce chemin. »[34]

Dans le même texte, on apprend que le Valar Oromë fabrique une autre voie, aérienne celle-ci : l'Arc-en-Ciel.

• **Númenor** : une Atlantide de plus...

Dans plusieurs lettres, Tolkien assimila lui-même Númenor, dont la destruction conduisit Valinor et Tol Eressëa à

32. Je conseille vivement la lecture du passionnant ouvrage de Tom Shippey, *The Road to Middle-Earth* (*how J.R.R. Tolkien created a new mythology*), éd. HarperCollins

33. introduction du poème de J.R.R. Tolkien *Kortirion parmi les Arbres*.

34. « La Dissimulation de Valinor », *Contes Perdus* tome I, p278-279

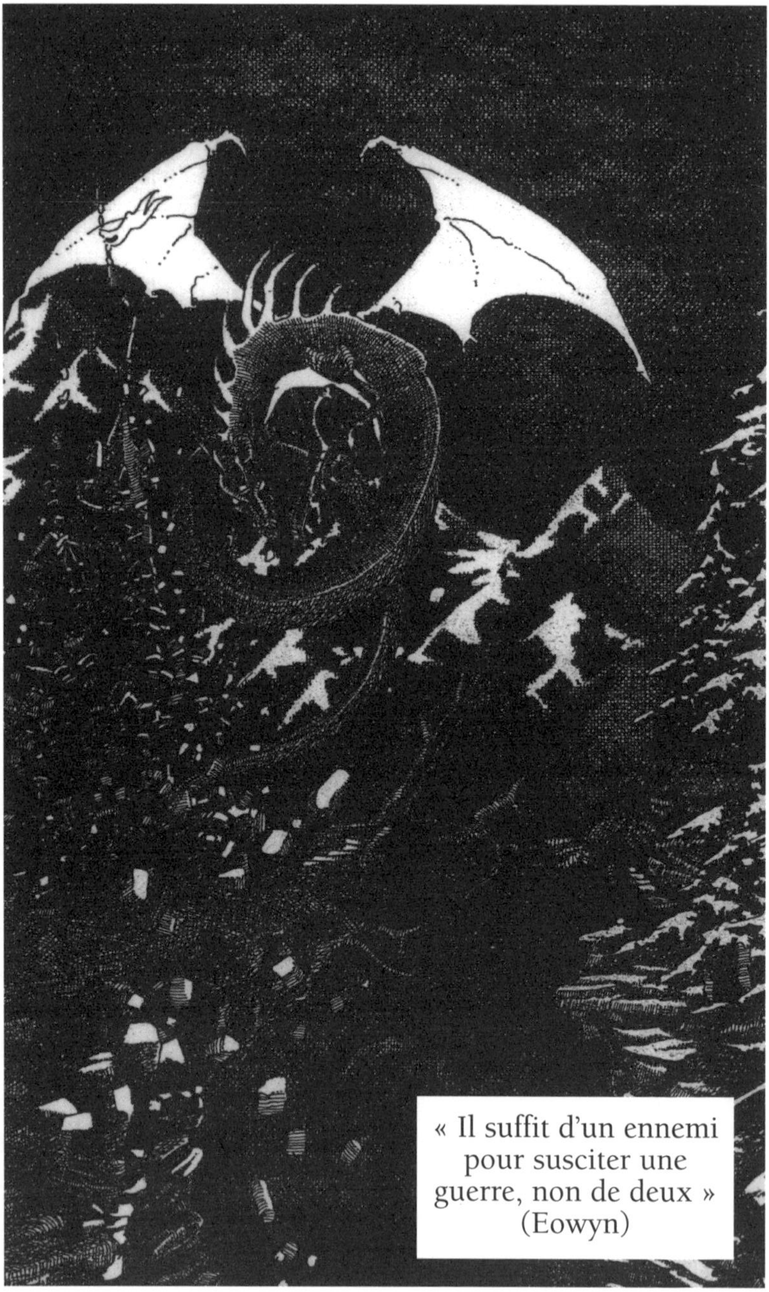

« Il suffit d'un ennemi
pour susciter une
guerre, non de deux »
(Eowyn)

se couper du monde physique (et mortel : donc le nôtre ou un monde proche du nôtre) à Atlantide.[35]

Rappel des faits :

Avant la chute et la destruction de Númenor (« The Great Isle of Westernesse), l'île Tol Eressëa (l'ancien « Paradis » elfique) ainsi que Valinor, le royaume des Valar étaient alors accessibles aux mortels par voie navigable, bien que le périple fût réputé dangereux. Après la Rébellion des Númenoréens, les Rois des Hommes qui résidaient dans un pays plus à l'Ouest que toutes les autres terres mortelles, entreprirent d'envahir Eressëa et Valinor. Une guerre terrible s'engagea alors au terme de laquelle Númenor fut détruite, Tol Eressëa et Valinor littéralement arrachées d'Arda et du monde accessible : la route de l'Ouest resta ouverte, mais elle ne menait désormais les mortels nulle part sinon à leur point de départ.

Dans une lettre de 1971[36], Tolkien ajoute qu'Aman (c'est-à-dire désormais Tol Eressëa et Valinor) pouvait toutefois être atteinte par certains Elfes Valar (« The angelic immortals (...) regents under gods ») mais aussi par des êtres possédant des pouvoirs de même nature bien que moins importants. Ainsi en irait-il d'Olórin (= Gandalf), qui n'aurait besoin d'aucun moyen de transport pour s'y transporter, Aman n'appartenant plus au monde physique. Tolkien suggère dans la même lettre que des mortels plus simples, tels que le Hobbit Frodon et ses compagnons de route, pourrait y séjourner pour une durée limitée, ce qui se vérifie dans le *Seigneur des Anneaux*.

D'Aman, on ne sait que peu de chose, ce qui est notable dans l'Œuvre de J.R.R. Tolkien. On ne la connaît que par des légendes, lesquelles sont la plupart du temps nées d'esprits humains ou de Sindar n'ayant jamais quitté les Terres du Milieu. Aman est donc un monde perdu (imaginaire) pour nous : Arda. Pourtant, comme l'île d'Avalon où repose le roi Arthur en attendant de revenir parmi nous, la légende suggère à défaut de le promettre, qu'elle sera de nouveau accessible pour nous un jour.[37]

Quant à Númenor, à l'instar d'Atlantide, elle est perdue à jamais, détruite. Anéantie.

Seule la mémoire, la connaissance et la transmission de son histoire et des raisons de sa chute lui accordent de se survivre par le mythe.

Plus qu'un Monde Perdu, Tolkien nous répète à l'infini l'histoire fondatrice et universelle des peuples : Aman est le Paradis Perdu, et Númenor est à la fois le Pêché Originel, Atlantide, Mû et tous les autres Mondes Perdus...

35. in « Letters of J.R.R. Tolkien » précité, pp. 185-186 (lettre n°151 à Hugh Brogan, 18/09/1954), pp. 197 (lettre n°154 à Naomi Mitchison, 25/09/1954) par exemple.

36. in « Letters of J.R.R. Tolkien » précité, p. 410 (lettre n° 325 à Roger Lancelyn Loreen 17/07/1971)

37. in « Letters of J.R.R. Tolkien » précité, p. 199 (lettre n° 154 à Naomi Mitchison 25/09/1954) : «Ils [les Hauts Elfes] ne peuvent pas endurer [la souffrance] éternellement, et bien qu'ils ne puissent retourner sur la terre mortelle, ils peuvent «mourir» et mourront – de leur propre volonté, et quitteront le monde. (De ce fait le retour d'Arthur pourrait être quasiment impossible, un vain espoir imaginaire.»

La Famille Eldarine

par Claire Panier-Alix

Les Eldar ont un cycle de croissance et de vie tout à fait différent de celui des Hommes. Leur corps évolue beaucoup moins vite que leur esprit, et alors qu'ils possèdent encore un corps d'enfant, voire de tout jeune enfant, leur esprit est déjà notablement plus élaboré que celui d'un Homme du même âge[1]. Il faudrait revenir sur la différence d'échelle temporelle existant entre les deux races, mais ce n'est pas ici le propos. Néanmoins, étant donné que ces repères sont nécessaires pour appréhender le rythme de vie des Elfes, et les coutumes qui en ont découlées (en fait, toute une philosophie existentielle), il est juste de le souligner.

Les enfants Eldarins savent parler alors qu'ils ont à peine un an. Au même âge, ils savent déjà marcher et danser. Durant la première enfance, il y a peu de différences physiques entre les Elfes et les Hommes, mais alors que ces derniers grandissent et perdent peu à peu l'esprit vif et joyeux propre à l'enfance, les Elfes développent celui-ci, mémorisent tout et tirent une expérience de tout. Très vite, vers trois ans, ils diffèrent de leurs homologues humains, plus grands de stature mais nettement moins en retard quant à la dextérité intellectuelle et la grâce de leurs mouvements : des bébés parlant, pensant et se mouvant comme des adultes appartenant à une élite. L'Elfe n'atteint sa stature adulte qu'aux alentours des cinquante ans, parfois même cent.

Encore une fois, cette distorsion du temps a une lourde implication dans les us et coutumes qui tentent d'ordonner la société elfique. Il va de soi que les notions de famille, de foyer, de mariage n'ont plus le même sens que pour des Hommes dont la durée de vie excède rarement celle de l'enfance ou de l'adolescence des Elfes !

La notion d'engagement n'est pas la même et ne peut l'être, tout comme celle de la mort et de l'urgence qui régissent la vie de l'Homme changent tout et rendent chacun de ces mondes difficilement compréhensible aux yeux de l'autre.

Les Eldar s'engagent très jeunes les uns envers les autres, souvent dès que leur corps semble en harmonie avec leur esprit, vers la cinquantaine. Ils ne se marient qu'une fois au cours de leur longue existence, et cet engagement se fait toujours librement par chacun des intéressés. Les mariages eldarins sont des mariages d'amour et de confiance, basés sur la réciprocité et la tendresse. Il semble même que lorsque de nombreux Eldar de la Terre du Milieu furent corrompus, ils ne furent pas touchés par la luxure. En

1. « Je dirais qu'ils (les Elfes) représentent la réalité des Hommes avec un supplément d'esthétisme et de facultés créatives, une plus grande beauté, une vie plus longue et un surcroît de noblesse (*) » (J.R.R. Tolkien, lettre 144, p. 176) (*) car ce furent les Premiers Nés, les Aînés, dans la Création du Monde.

tout cas cela n'apparaît dans aucun texte, sans doute car l'esprit des Elfes prédominant naturellement sur leur chair, ils étaient maîtres de leur corps et par nature constants en amour.

Le mariage est en quelque sorte l'un des jalons naturels qui ponctuent la vie des Elfes, au même titre que la naissance et la croissance qui lui succède. Durant les jours de paix, la plupart se choisissaient pour compagnons très tôt, durant l'enfance, et savaient qu'ils se marieraient et passeraient leur vie ensemble. Les fiançailles devaient alors attendre l'agrément des parents de chacun des jeunes gens. Les deux maisons concernées se réunissaient alors, et les fiançailles étaient proclamées. Les fiancés échangeaient des anneaux d'argent, ce qui scellait au nom de la loi des Eldar les fiançailles officielles des deux amoureux, lesquelles dureraient au moins un an, et la plupart du temps une période bien plus longue. La loi permettait toutefois à l'un des deux fiancés de rompre son engagement en rendant publiquement son anneau à l'autre. L'anneau était alors fondu afin de ne plus pouvoir servir à d'autres fiançailles. Mais, les ruptures étaient extrêmement rares, car contre nature. Toutefois, il est dit que parmi les Eldar, certains n'étaient pas si inébranlables, et que plus d'un à Aman désira prendre une autre compagne que celle qu'il avait d'abord choisie, et que ce phénomène fut à l'origine des troubles et des désordres qui déstabilisèrent Aman et laissèrent les Valar[2] dans le doute, l'impuissance et l'incompréhension.

Les deux maisons se réunissaient de nouveau et célébraient le mariage au cours d'une fête cérémonielle et d'un festin qu'elles préparaient en se partageant équitablement les tâches. À la fin du banquet, les fiancés s'avançaient vers la mère de la jeune fille et le père du jeune garçon qui leur prenaient les mains et les unissaient en les bénissant de façon solennelle (aucune oreille mortelle n'a jamais entendu les mots prononcés à cette occasion). La mère de la fiancée appelait en témoin Varda[3], tandis que le père du futur époux invoquait Manwë (certains disent que le nom d'Eru était aussi évoqué). Les jeunes gens se rendaient alors mutuellement leurs anneaux d'argent, et échangeaient des anneaux d'or qu'ils porteraient désormais à l'index de la main droite. Chez les Noldor, il existait une tradition similaire à cet échange d'anneau, mais cette fois il s'effectuait de parents à enfants : la mère de la fiancée offrait à son gendre un anneau pendu à une chaîne, et le père de ce dernier faisait un présent à sa belle-fille. Ces cérémonies entrent tout droit dans le cadre des coutumes et des traditions elfiques, car elles n'étaient pas légalement nécessaires pour que les jeunes gens s'épousent. Il

2. Les Valar sont les quatorze meilleurs Ainur, choisis pour accomplir la vision d'Ilúvatar, sept de chaque sexe, menés par Manwë (frère du félon Melkor) et par Varda. Purs esprits, ils acceptèrent de subir le joug d'un corps en venant sur Terre (Arda). Après un premier échec, ils permirent à la vie de s'installer en créant deux arbres-lampes. Alors naquirent les Elfes. Melkor, jaloux, trompa Manwë et le poussa à empoisonner les Deux Arbres, replongeant le monde dans les ténèbres. La Lune et le Soleil furent alors créés. Plus tard, on créera trois joyaux symbolisant les arbres de la vie, les Silmarils, dont le vol sera la cause de tragédies innombrables qui aboutiront, à la fin, à la Guerre de l'Anneau que nous connaissons.

3. Varda est la plus belle des Valar, et l'épouse de Manwë (le plus pur et le plus noble des Ainur, préféré d'Ilúvatar, le Créateur), elle détient surtout un rôle en rapport avec la lumière (elle fabriqua notamment les étoiles, conçut la course de la Lune et du Soleil et les lueurs des arbres Silmarils) ce qui la rend chère au cœur des Elfes qui l'invoquent souvent à leur secours.

suffisait pour rendre une union officielle que chacun des fiancés veuille librement s'unir à l'autre. Cette coutume, par contre, est significative du sens profond accordé à la famille par les Elfes. L'amour parental et le tendre assentiment à ce mariage, à l'union des deux familles, soulignent l'importance du foyer. Certains Eldar, à cause des tristes événements qui sont relatés dans le *Silmarillion*, se sont mariés sans témoins et sans cérémonie, échangeant mutuellement leur propre bénédiction et le rite du Nom[4], l'essecarmë, et leur union n'en fut pas moins indissoluble aux yeux de la loi et du temps.

Signe du sens accordé à leur union, les époux appelaient indifféremment leur foyer « maison » ou « famille ». S'ils l'avaient pu, leur demeure aurait sans doute grouillé d'enfants, mais les Eldar en avaient peu (quatre au plus, mais Fëanor en eu sept) et les chérissaient d'autant plus. La grossesse durait un an exactement, ce qui avait la caractéristique de faire naître le petit elfe le jour de l'anniversaire de sa procréation. Par la suite, son anniversaire avait donc un double sens, très important pour lui et pour ses parents : celui de sa double naissance. Toutefois, l'année durant laquelle l'enfant était porté par sa mère et grandissait en elle comptait davantage encore, et entrait dans les nombreux paramètres expliquant le faible nombre d'enfant par famille par rapport à l'extrême longévité des elfes. On aurait pu croire que vivant pour ainsi dire éternellement, les Eldar pouvaient avoir autant d'enfants qu'ils le voulaient.

Pourtant, bien que le corps et l'esprit n'aient pas grandi en symbiose, ils se rejoignaient à l'âge « adulte », pour former un ensemble à peu près cohérent un court laps de temps, avant d'être en quelque sorte en lutte l'un envers l'autre jusqu'à la fin. Je ne dis pas ici que les Eldar ne sont pas éternels, au contraire. Lorsqu'ils se mariaient et fondaient un foyer, ils bénéficiaient de cette courte période d'accalmie (« The Days of Children ») au cours de laquelle leur corps était temporairement en harmonie avec leur esprit (maturité). Ils mettaient généralement leurs enfants au monde durant cette période. Ensuite, leur corps continuait d'évoluer, de « vieillir » (pas au sens « humain » du terme), puis se stabilisait, alors que leur esprit ne cessait de changer, d'avancer, de désirer, d'apprendre, etc. Leur esprit consumait leur corps, comme ils le disaient eux-mêmes, avec la prémonition étrange qu'ils finiraient par devenir de purs esprits, invisibles aux yeux du commun des mortels. C'est pourquoi les enfants qu'ils mettaient au monde étaient si peu nombreux et si précieux à leurs yeux, tout comme la ou le compagnon qu'ils se choisissaient pour la vie.

Ces enfants, ils les élevaient ensemble, dans l'amour et la compréhension, attentifs au corps autant qu'à l'esprit et au cœur. Les enfants étaient toutefois peu turbulents et n'avaient guère besoin d'être punis ou poussés à étudier.

Pourtant, il existait une autre caractéristique de la conception familiale des Eldar. Malgré l'amour qui les unissait à leur compagnon et à leurs enfants, les elfes ne partageaient pas toujours la même maison. Ils vivaient extrêmement longtemps, et, nous l'avons vu, leurs enfants étaient rapidement indépendants. Durant la période évoquée plus haut au cours de laquelle ils «pouvaient» enfanter, il existait un second cycle pendant lequel ils se consacraient

4. Voir l'article de Mathias Duval, « Au nom du père », paru dans « Le Tolkieniste » n°2, 1998.

à d'autres activités propres à leur nature et à leurs pouvoirs. Or, au cours de ce cycle, il leur arrivait d'être saisis d'une envie folle d'avoir un nouvel enfant, une sorte de bouffée enthousiaste faite de bonheur et d'amour. Bien entendu, le fait que les deux époux devaient être saisis de la même envie au même moment ne facilitait pas davantage la fertilité elfique, rendant chaque nouveau né plus précieux encore, et l'anniversaire de sa date de naissance encore plus joyeux par les souvenirs de bonheur qu'il ravivait !

L'elfe mâle (neri) et sa compagne (nissi) étaient parfaitement égaux en droits et en devoirs vis-à-vis des lois elfiques. Toutefois, ils se répartissaient les tâches et les rôles en fonction de leurs différences « sensitives » et de leurs inclinations naturelles, celles-ci pouvant d'ailleurs être parfaitement indépendantes du sexe. Certaines différences peuvent aussi avoir été instaurées par les coutumes, donc par le temps et l'usage, et variaient suivant les lieux et les « races » eldar. Néanmoins, l'art de guérir, et tout ce qui touche généralement aux soins du corps, semble avoir été du ressort des nissi, bien que les neri en soient aussi parfaitement capables en cas de besoin. Il semble pourtant que lorsque la mort a commencé à côtoyer le peuple Eldar (chasse, guerres...) la capacité de guérir des elfes masculins se soit amoindrie, ce qui n'advint pas, ou en de moindres proportions, chez leurs compagnes davantage restées en retrait. Il ne faut donc pas chercher une explication mystérieuse à ce pouvoir guérisseur dans la féminité, mais plutôt dans les circonstances dues aux coutumes et à la répartition des rôles (il faut noter au passage que les nissi ont parfois combattu vaillamment aux

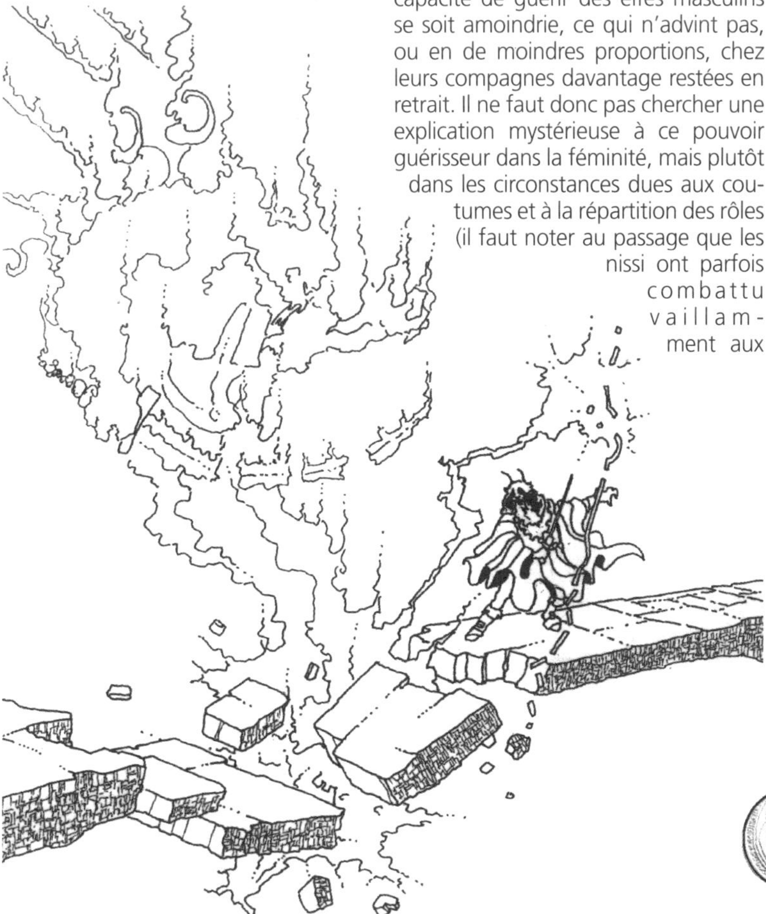

côtés de leurs compagnons, et qu'on ne peut attribuer cette répartition des tâches (homme guerrier – femme au foyer) à une différence physique (force – faiblesse), ou du moins dans de bien moindres proportions que pour les humains : il semble qu'il y ait eu peu de différence au niveau de la constitution physique et de la force entre les neri et les nissi. Tolkien précise d'ailleurs qu'il y a également eu des elfes neri réputés pour leur talent de guérisseur, et des Hommes (humains) s'abstenant de chasser, ou n'allant combattre qu'en cas d'extrême nécessité).

Il n'est pas question ici de traiter la question de la réincarnation, de l'après-vie, et de la mort chez les Elfes. Toutefois, il faut évoquer les conséquences de cette épineuse réalité qu'est la mort et la renaissance des Eldar sur leurs mariages et la conception qu'ils en avaient. La mort survenait parfois pour les Eldar, et leur société dut se pencher sur ce problème, notamment lorsque cela arrivait à l'un des membres d'un couple. Nous l'avons vu, le mariage en tant qu'union indissoluble et éternelle entrait dans la nature profonde des elfes. Aucune loi n'était nécessaire pour contracter une telle union, la notion même de contrat était ridicule. Pourtant, s'ils n'avaient pas besoin de légiférer pour fonder une famille, ou pour la renforcer, il fallait songer aux tristes et fatals événements de la vie. Les Eldar, confrontés à la nouvelle réalité de la mort, se sentaient perdus, en proie au doute. Ils en ont donc appelé à Manwë, et celui-ci exprima sa pensée par la bouche de Nàmo Mandos, aussi appelé Le Juge : « Le mariage des Eldar est vital et dure toute la vie. Depuis que les Elfes vivent en permanence sur Arda, il en va de même pour leur union tacite. Mais si leur vie est brutalement interrompue, leur mariage doit l'être aussi. Désormais le mariage est asservi au corps, mais il n'en reste pas moins qu'il concerne à la fois le corps et l'esprit, car il participe au devenir du couple (l'âme commune des elfes ?)[5]. Donc, quand l'un des partenaires d'un couple meurt le mariage n'est pas de fait annihilé, mais en suspension. C'est pourquoi ceux qui furent unis sont séparés mais leur union reste une union pour l'avenir. « Comment dans ce cas un mariage peut-il être clos et une union dissoute ? Pour autant que cela puisse se faire, il ne peut y avoir un second mariage. De par la loi naturelle des Elfes, les neri et les nissi sont égaux, et il ne peut y avoir qu'une union par individu. « En définitive, on ne peut y mettre fin qu'en parvenant à la fin des temps à venir ; et ceci n'arrive qu'avec la Mort, ou la Destinée. À la fin des temps, lorsque le défunt ne fera plus partie d'un cycle de retours à la vie dans un corps ; par le Destin, lorsqu'il est condamné à ne plus pouvoir revenir se réincarner. Il reste qu'en Arda l'union est pour la vie, et que l'existence (spirituelle) n'a pas de fin, ne pouvant se résumer à la vie d'Arda (à la mortalité du corps en Arda, par opposition à l'immortalité de l'âme). Nous disons que la fin des temps se réalisera par la Mort, si la Vie (destinée) ne leur a pas dénié la possibilité de renaître, s'ils le désirent. Et qu'il doit être clairement compris que cette solution de mort sans retour a été solennellement déclarée et ratifiée par Mandos comme une condamnation : le défunt n'aura jamais plus l'autorisation de revenir à la vie corporelle. » Ce discours de Mandos fait figu-

5. « the Fëa ».

re de loi, de jugement suprême. Il est appelé « Doom of Finwë and Miriel »[6]. Il semble qu'il y ait donc une grande différence entre un mariage des corps, qui prend son sens dans le fait de concevoir ensemble un enfant, de le porter et de le mettre au monde ; et l'union de personnes qui s'aiment et/ou qui sont amies. Ce mariage s'accentue encore par-delà la Mort car cette union « of Fëa » ou « of Fëar » va au-delà du corps et au-delà de l'esprit, il fait que les deux êtres sont unis, par le corps, par l'esprit, et ne font qu'un tout en étant deux. Il y est question de volonté, et je pense qu'il y est question d'engagement sacré et profond, où tout est si étroitement mêlé que seul le jugement des dieux peut le démêler, et réunir ce qui a été séparé par la Mort. Or, et cela devrait faire l'objet d'un article indépendant, dans la conception (et la réalité elfique ?) eldar, seul le corps meurt. L'esprit est toujours là, et peut revenir si cela lui est accordé. Il se réincarnera, et sera toujours la même personne, mais avec un nouveau corps. Toute la difficulté est donc de garder unis par le mariage librement consenti deux êtres en harmonie « corps et âme » lors de leur échange de serment, mais différent (de corps) après la mort et l'éventuelle réincarnation de l'un d'eux.

Pour conclure, je ne peux m'empêcher d'évoquer l'une des plus belles légendes racontées dans le *Silmarillion* (et fréquemment évoquée dans les autres œuvres de Tolkien) : les amours impossibles de l'elfe Lúthien Tinúviel et du mortel Beren Erchamion.

Furieux à l'idée de voir sa fille s'unir avec un Homme, le père de cette dernière éprouva ce dernier en lui demandant d'aller voler l'un des Silmarils, mettant l'équilibre du monde en grand péril. D'innombrables péripéties plus dramatiques et héroïques les unes que les autres s'ensuivirent, jusqu'à la mort de Beren. Lúthien en mourut de chagrin, et son esprit supplia Mandos de la laisser rejoindre celui qu'elle aimait, acceptant de perdre son immortalité elfique si on ressuscitait Beren, ce qui lui fut accordé. Elle put partager sa vie de mortel avec Beren jusqu'à leur belle mort.

De tous les contes qu'il écrivit, c'est celui-ci que Tolkien préférait, car il était inspiré des difficultés qu'il avait eues pour épouser Edith (voir Biographie page 6), qu'il identifiait au personnage de Lúthien au point de faire graver ce nom sur sa tombe.[7] :

Edith Mary Tolkien 1889-1971
Lúthien

6. L'amour des elfes noldor Miriel et Finwë est légendaire (voir le *Silmarillion*), mais la grossesse de Miriel lorsqu'ils attendaient Fëanor l'épuisa tellement qu'elle se réfugia en Lorien où son esprit quitta son corps. Plus tard, Finwë eut une seconde épouse, Indis, qui lui donna deux fils, Fingolfin et Finarfin. C'est le seul cas connu dans les annales elfiques.

7. « Elle était (et elle le savait) ma Lúthien. Je n'en dirai pas plus ici. Mais j'aimerais bientôt pouvoir parler longuement avec toi [Christopher Tolkien]. Car, comme il est probable que je n'écrirai jamais de biographie en bonne et due forme – c'est contre ma nature, qui exprime ses sentiments les plus profonds par le mythe et la légende –, un de mes proches devrait savoir un peu de ce qu'on ne trouve pas dans les biographies : la tristesse et la souffrance de notre enfance, dont nous avons trouvé l'un par l'autre notre délivrance sans jamais vraiment guérir des blessures qui se révélèrent plus tard comme des infirmités : les souffrances que nous avons endurées dès la naissance de notre amour – tout cela (qui va plus loin que nos faiblesses respectives) peut aider à faire pardonner ou à faire comprendre les erreurs et les ombres qui ont parfois gâché nos vies – expliquent aussi comment cela n'a jamais touché ce qu'il y avait de plus profond en nous, ni jamais obscurci le souvenir de notre amour de jeunesse. Nous n'avons jamais cessé (surtout lorsque nous étions seuls) de nous rencontrer dans l'ombre de la forêt, la main dans la main, pour fuir l'ombre d'une mort proche avant notre séparation. » (lettre à Christopher Tolkien, 11/07/1971, n°340 p. 420 de « The Lettres of J.R.R. Tolkien », HarperCollins éd.).

La Mort du Conte

la notion de progrès dans l'œuvre de J.R.R. Tolkien

par Mathías Daval

« Les Elfes donnent rarement un avis inconsidéré,
car un avis est un don dangereux, même de sage à sage. »
(Gildor)

On s'est parfois étonné de trouver dans l'œuvre de Tolkien l'expression d'un monde figé, où le progrès technique est associé au Mal. Depuis les jours anciens où les Elfes quittèrent Valinor, jusqu'à la destruction de l'Anneau unique à la fin du *Seigneur des Anneaux*, soit plusieurs milliers d'années, le décor n'a pas changé : nous sommes plongés dans un pseudo-âge médiéval immuable. L'agriculture s'est peu modernisée, les révolutions industrielles n'ont pas eu lieu et, au-delà même du progrès des sciences et des techniques, il est particulièrement périlleux de tracer une quelconque évolution des intellects. Les arts ont connu un apogée avec la fabrication des Silmarils, puis leur maîtrise a décliné progressivement. Ainsi Gloïn le Nain avoue-t-il à Gandalf avoir perdu le savoir-faire de ses ancêtres en matière d'art de la forge. Bien entendu, nous dirait Lévi-Strauss, « *le progrès n'est ni nécessaire, ni continu* ». Mais il n'est pas besoin de sombrer dans un quelconque technocentrisme pour remarquer cette forme d'entropie particulière qui semble – et cela en dépit de la « renaissance » évidente associée au règne d'Aragorn – condamner la Terre du Milieu non pas tant à une stagnation qu'à une décadence inéluctable.

Pour dire qu'une chose progresse, il faut avoir préalablement posé qu'elle réalise une fin (on ne parle de « progrès » dans un processus soumis au pur hasard que par un abus de langage) ; or quelle est la véritable fin que tend à réaliser la cosmologie de Tolkien ? Cette question en soulève une autre : comment associer la perfection et la beauté qui se manifestent dans l'univers au spectacle de sa dégradation ? Il s'agirait d'interpréter, plus fondamentalement, la déviation du chant originel et la brusque révolte de Morgoth. On voit en effet vers quoi *progresse* la musique d'Ilúvatar le créateur : vers la perfection platonicienne (le Beau, le Vrai, le Bien, déclinée chez chacun des Valar), qui est fin et donc progrès par excellence. Mais que dire du discours de ce qui n'est même pas le mal, mais la pure et simple négation de la fin que se propose de réaliser la Grande Musique, et à qui l'on associe les machineries et les sombres artefacts, bref, la technique ? La meilleure façon de combattre le mal, comme disait Lao-Tseu, est un « progrès résolu dans le bien. »

Devant ces constations, il y a les arguments du biographe : Tolkien, écolo avant l'heure, aime la verte campagne anglaise de son enfance, et se désole des usines qui crachent de la fumée noire, comme Frodo et Sam à leur retour dans la Comté. L'idée de progrès fait peur : à l'innocence paisible de Hobbitebourg s'oppose la machiavélique organisation du Mordor, la technologie devenant étroitement associée à Sauron et à Saroumane. Cet épigone de philosophie luddiste[1] peut paraître d'autant plus regrettable que les technologies pré-númenoréennes étaient avancées. (Certains sont allés jusqu'à affirmer que les Palantiri, les « pierres voyantes » des Eldar, s'accordaient aux lois des multi-univers de la physique quantique...) Mais les peuples libres, en dehors de l'ombre de Morgoth, puis de Sauron, ne prospèrent-ils pas dans la simplicité de leur mode de vie ? Le bonheur simple que connaissent les Hobbits ne signifie-t-il pas que tout est parfait dans le meilleur des mondes et, qu'ainsi, dans une solution de type épicurienne, tout progrès lié au savoir physique devient inutile ?

Il ne faut pas oublier que, jusqu'au Troisième Âge, ce sont les Elfes qui dominent la Terre du Milieu ; or la première caractéristique de ces êtres est leur immortalité. Ils ne peuvent pas concevoir la même notion de progrès que les humains, voués à un accomplissement restreint en un espace de temps réduit. Dans ce cas, en quoi l'immortalité préserve-t-elle de la technicisation ? Cela empêche-t-il le passage à un univers dévitalisé, ou le retarde-t-il seulement ? Si l'on peut considérer, de manière lapidaire, que le propre des immortels, c'est d'être conservateur, et que l'on ne conçoit pas la notion de progrès au Paradis, que répondrait un Elfe à un épistémologue moderne ? Ou à un logicien positiviste qui lui expliquerait que la magie est paramétrable et que toutes les lois de son univers le déterminent d'une façon ou d'une autre ? Il est fort probable que les Elfes tiendraient précisément un discours théologique, peut-être même animiste, lié à leur

1. Attitude ou pratique qui consiste à détruire des machines industrielles et qui commence principalement dans les débuts de l'industrialisation (début du XIXe s.)

vision de la toute-puissance d'Ilúvatar et des forces de la nature. Mais lâchons Elrond dans le monde moderne et imaginons-le contraint de se suicider, ou d'accepter d'interagir pleinement avec nous, donc de devenir comme nous. Le choix d'Arwen de refuser l'immortalité, au-delà d'un acte d'amour, témoigne de cette résignation pressentie face au monde moderne. Dans une course historique globale, le spiritualisme et l'animisme semblent condamnés à être absorbés par la technique, d'où un sentiment de renoncement – qui prouverait assez cyniquement que la vérité est quelque chose d'intrinsèquement insupportable. Or l'abdication de la volonté est très exactement aux antipodes de la philosophie tolkienienne, qui repose sur des valeurs de courage et d'abnégation.

Pour forcer le trait, on pourrait dire que le propre des Elfes est la conservation, celui des Humains, le changement. En ce sens l'idéal du progrès elfique est certainement celui des arts et du langage, sorte de mise en abyme de l'écriture du merveilleux. Car le monde inventé par Tolkien est d'abord conçu dans son étendue diachronique : les langages imaginaires, ciment fondateur de l'œuvre, vivent, grandissent, et s'affinent sous le poids de l'usage ou des apprentissages des grands érudits, comme Fëanor ou Rúmil. L'alphabet créé par ce dernier au Premier Âge possède certainement un poids historique équivalent à celui de l'invention de l'acier.

Le fait que l'époque des récits tolkieniens soit d'inspiration médiévale est essentielle : c'est l'époque, dans notre monde, du « péché originel de la pensée », c'est-à-dire du passage de la béatitude indifférente de l'Antiquité (même si celle-ci n'existe pas littéralement chez Tolkien) à la Modernité inquiète de sa conquête technique du monde, Descartes et Newton en tête. Mais peut-on imaginer un rapport technique à la magie ? Selon Heidegger, la technique consiste à dévoiler les énergies cachées dans la nature. L'alchimie a longtemps fait le lien entre la magie et la science, mais ce lien s'est brisé avec la Renaissance. Et s'il est possible de basculer vers un rapport technique avec la magie, y a-t-il besoin de le faire reposer sur nos références propres ? L'œuvre de Tolkien tend à démontrer que, quelles que soient les conditions de départ, une cosmologie vitaliste[2] tend inévitablement à une ère de la technique. Un point de vue scientifique et mécaniste peut absorber un point de vue cosmologique, mais l'inverse est voué à l'échec. Sommes-nous condamnés à nous percevoir nous-mêmes et l'univers qui nous entoure comme des machines dans une usine ? C'est une sorte de pari sur l'avenir, vers le « Cinquième Âge » de l'historiographie tolkienienne.

Le paradoxe est qu'Elfes et Hobbits ne figurent pas dans un âge d'or situé en-dehors de l'humain ; ils en représentent plutôt, de manière positive, les différentes facettes. Il est frappant de constater combien lorsque les structures organisationnelles et, en particulier, les organisations politiques, deviennent de plus en plus grandes et complexes, et qu'il est difficile et dangereux d'en déterminer les conséquences et d'en guider les rênes. Tolkien avait pressenti les risques des technosystèmes modernes, et de l'opacité croissante de la société où, ne sachant plus quelles décisions ont une influence primordiale sur la vie de chacun, nous sommes contraints

2. Manifestation de l'existence d'une « force vitale » qui rend la matière vivante et organisée.

d'aller vers un chaos spirituel de plus en plus grand. En ce sens, Tolkien réagit contre le positivisme ambiant de la seconde moitié du XIXe siècle.

C'est cette tendance terrible qui anime l'évolution d'Arda : de même que Marx avait pressenti le déplacement du centre du monde depuis la Méditerranée jusqu'à l'Océan Pacifique, en passant par l'Océan Atlantique, de même est-il surprenant de constater la linéarité de ce déplacement dans les Terres du Milieu. Tout d'abord concentrée sur ce qui deviendra les Terres Immortelles (Aman et Tol Eressëa), l'activité des enfants d'Eru se porte vers l'est au Deuxième Âge, celui de Númenor. Au Troisième Âge, la puissance est celle du royaume d'Arnor, avant de se translater encore, avec l'apogée du Gondor : la fin chronologique des récits tolkieniens consacre la gloire de Minas Tirith. En fait, ce déplacement latéral est hautement symbolique : il est la manifestation de l'éloignement, au cours des âges, de Faërie, représenté par l'Ouest et les terres des Valar – rappel des croyances des Irlandais, tout comme des Grecs, en l'existence d'un monde d'îles bienheureuses situées de l'autre côté de l'océan, vers le coucher du soleil. Allégorie psychanalytique du meurtre du Père (Ilúvatar), ou du « désenchantement du monde » dont parlait Max Weber au début du siècle ? Peut-être, bien que Tolkien détestât l'allégorie, sous toutes ses formes. C'est en tout cas l'une des raisons pour lesquelles les récits s'arrêtent au Quatrième Âge. Tolkien ne veut pas transformer la Terre du Milieu en une sorte de proto-Europe occidentale peuplée d'humains, et il craint d'y être poussé irrémédiablement : à propos de *The New Shadow*, la suite rapidement avortée du *Seigneur des Anneaux*, il écrivit que, n'ayant que des humains comme protagonistes, le récit s'avérait « *sinistre et déprimant* ».

Il convient donc de souligner que l'absence de progrès est une nécessité à la survie de l'univers tolkienien. Et ne pas y voir là une lubie incohérente de l'écrivain, mais l'amour du faiseur de mythes, du « sous-créateur », pour un monde qu'il veut éternel. L'intérêt de l'œuvre de Tolkien est justement de démontrer que le passage d'une cosmogonie vitaliste à l'ère technique est indépendante de la structure donnée du réel. Une réalité peut obéir à d'autres lois que la nôtre, cela ne change rien au fait qu'elle sera tout aussi susceptible de basculer dans l'absurde et la négation d'elle-même. Et là, le récit s'arrête, et l'Histoire commence : c'est l'épreuve de la mort du Conte.

Apprendre une
Langue Imaginaire...
Entre Lacs
Grammaire Onirique
Entre Lacs, est consacré
l'enseignement d'une langu
onirique composée d'un
grammaire, d'un vocabulai
et d'une calligraphie.
"Küendar": les mots.
Les Kel'küendar sont
formés à partir des
Sil'küendar: adjectifs,
adverbes, verbes, noms
accordés etc...
Les Jol'küendar enfin,
sont composés de
Le Guide des Horizons Féeriques
Volume 1
Entre Lacs
Grammaire Onirique
NESTIVEQNEN
Bon de Commande
Offre valable en France
(étranger +1,5 /unité)
☐ Entre Lacs 15
Joindre règlement à l'ordre de
NESTIVEQNEN - 127 rue Amelot - 75011 PARIS
NOM :
Prénom :
Adresse :
Date :
Signature :

Langues et Linguistique

« Les Sages ne parlent que de ce qu'ils connaissent » (Gandalf)

Les langues de Tolkien

par Sébastien Bertho

« Parole donnée peut fortifier cœur tremblant (Gimli)
— Ou le briser » (Elrond)

Introduction : L'importance des langues dans l'œuvre de Tolkien

La Terre du Milieu, le monde où *Bilbo le Hobbit*, *Le Seigneur des Anneaux* et le *Silmarillion* se déroulent, est un monde imaginaire extrêmement bien construit, réaliste et complexe, une entreprise d'une ampleur unique et sans doute inégalée dans la littérature moderne. Les événements, la géographie, et les noms furent créés avec amour et attention par Tolkien, qui voulait que chaque détail soit en accord avec le motif global de son « monde secondaire ». Guidé par un désir de perfection, le plaisir de la sous-création et l'envie de créer quelque chose tellement convainquant que le lecteur puisse y croire, il fut entraîné dans la conception de cartes, de tables généalogiques, de chronologies historiques détaillées et dans le développement de ses nombreuses langues inventées. Le résultat est un univers d'une richesse incomparable, avec sa cosmogonie, sa géographie, son histoire, ses peuples et ses langues. Les langues sont capitales et omniprésentes dans l'œuvre de Tolkien et représentent l'un des aspects les plus remarquables de sa création. Elles apparaissent principalement dans les noms de personnages et de lieux, mais elles sont aussi citées directement sous forme de phrases ou d'expressions (comme le salut de Frodon à Gildor : « Elen síla lúmenn' omentielvo », S 99 ; SdA I ch. 3) ou de poèmes comme *A Elbereth Gilthoniel* (S 264 ; SdA II ch. 1) ou *Namárië*, la Complainte de Galadriel en Lórien qui commence par « Ai ! Laurië lantar lassi súrinen » (S 412 ; SdA II ch. 8)[1].

Un bref survol

Rien que dans le *Seigneur des Anneaux*, on peut recenser pas moins de six langues inventées différentes : les langues des Elfes (*sindarin* et *quenya*), le parler des Nains (*khuzdul*), la langue des Ents (apparentée au *quenya*), mais aussi le noir parler de Mordor ou la langue des Orcs[2]. À cela on peut aussi ajouter l'*adûnaic* (la langue des Númenoréens) qui apparaît dans les noms des Rois de Númenor (dans le

1. Les traductions françaises des œuvres de Tolkien sont truffées d'erreurs, de contresens ou de phrases manquantes et les exemples de langues inventées ne font, hélas, pas exception à la règle, au contraire. Ainsi le salut de Frodon à Gildor contient pas moins de quatre erreurs (*elen sila lùmenni, omentielvo* au lieu de *elen síla lúmenn' omentielvo*) et le reste des échantillons elfiques est à l'avenant. En conséquence, l'étude sérieuse de l'œuvre de Tolkien, et tout particulièrement de ses langues, nécessite de se référer au texte original en anglais.

2. Étrangement, le traducteur a francisé la langue orque, et celle-là uniquement, au lieu de rester

Silmarillion ou les *Contes et Légendes Inachevées*), le *telerin* (la langue des Teleri de Valinor) et aussi de nombreuses autres langues apparaissant principalement dans les conceptions premières de la mythologie d'Arda (*ilkorin*, *doriathrin*, *nandorin*, *valarin*, *taliska*, ...). Pour compliquer un peu plus les choses, ces langues possèdent en outre plusieurs systèmes de transcription propres, comme les *runes* ou les *tengwar*, systèmes qui varient parfois en fonction de la langue exprimée ou de la région. Ainsi les *tengwar* de l'inscription de l'Anneau et ceux de la porte de la Moria sont différents, d'une part car ils n'expriment pas la même langue, mais aussi car ils sont rédigés dans un « mode » spécifique pour chacun, à tel point qu'il s'agit presque de deux alphabets différents (voir l'article sur les alphabets p. 113).

Tolkien a aussi utilisé des langues existantes dans son œuvre puisque, dans l'appendice F du *Seigneur des Anneaux*, il se présente comme le traducteur du Livre Rouge et explique le choix de rendre les noms humains par diverses langues de notre monde, afin de « transposer – dans la mesure du possible – tout l'arrière-plan linguistique en termes actuels » (S 1228 ; SdA App. F II). Ainsi le *westron* (traduit par *ouistrain* en français, S 14 ; SdA Prologue I)[3], la langue commune de la Terre du Milieu, est rendue par l'anglais dans le livre et l'on apprend par exemple que *Sam* est une traduction du nom westron *Banazir* (« Peu-Sensé, Niais »), le « vrai nom » de Sam (S 1231 ; SdA App. F II). Les noms de *Gandalf* et ceux des Nains de *Bilbo le Hobbit* (*Balin, Dwalin, Narvi*, etc.) sont directement empruntés au vieux norrois (L p. 31, 175) et sont issus d'une liste qui figure dans un poème de la mythologie des anciens peuples scandinaves (*Edda, Völuspá* §12). La langue des Rohirrim (Eorl, Eomer, Eowyn, Theoden, *éored, mearas*, etc.) est basée sur l'anglo-saxon (L p. 381) et les noms de leurs ancêtres (*Vidumavi, Vidugavia*) sont tirés du gothique (« les noms des ancêtres des Rohirrim sont coulés dans les moules des formes les plus archaïques de la langue allemande », CLI 3 p. 69).

Le souci de différencier la langue de chaque personnage et de chaque peuple se manifeste également dans le travail stylistique sur l'anglais, censé rendre le *westron*, tout particulièrement dans le *Seigneur des Anneaux* où le mélange de tons est plus poussé que dans le *Hobbit*. Même si Tolkien constate que l'opération de traduction du Livre Rouge en anglais « a eu pour effet de réduire les variétés et de gommer les particularités propres à l'usage de la langue westron », il tenta de « restituer cette diversité à travers les nuances correspondantes en anglais » (S 1228 ; SdA App. F II). Il rechercha le registre correspondant à chaque groupe de personnages (L p. 160), et essaya de varier la façon de parler de chaque personnage en fonction des interlocuteurs et des circonstances, les différences de styles étant délibérées (S 1229 ; SdA App. F II). Ainsi « les Hobbits parlaient pour la plupart un idiome rustique, tandis qu'au Gondor ou au Rohan, on utilisait une langue plus ancienne, plus formelle et plus concise » (S 1228 ; SdA App. F II). Ces différences de style sont apparentes dans le texte anglais qui permet claire-

---

fidèle à l'original : « Uglúk u bagronk sha pushdug Saruman - glob búbhosh skai » (LoR p. 466, à comparer avec SdA III ch. 3 ; *S* 483).

3. On peut remarquer que la traduction de Francis Ledoux n'est pas reprise dans les appendices puisque ceux-ci furent traduits par Tina Jolas.

ment de saisir les nuances entre les idiolectes de Sam Gamegie et du fermier Maggotte (LoR p. 107), entre le parler sifflant de Gollum (LoR p. 668 ; S 660 ; SdA IV ch.1) et les chants rimés de Tom Bombadil (LoR p. 134-163 ; S 140-171 ; SdA I ch. 6-8), entre « le lent parler sonore » des Rohirrim (S 848 ; SdA V ch. 3) et la langue surannée de Gondor (S 707 ; SdA IV ch. 4). L'auteur justifiait ses choix en louant la « richesse de l'anglais » qui offre un large « choix de styles » (L p. 226), même s'il constate par ailleurs que « les divergences de prononciation et les divergences idiomatiques, entre le langage de la Comté et le westron tel qu'il était parlé par les Elfes ou les Gens de Qualité au Gondor, étaient plus accusées » que ce qui est rendu dans le *Seigneur des Anneaux* (S 1228 ; SdA App. F II). On peut donc insister sur l'importance du style et de la langue chez Tolkien et l'analyse de son œuvre révèle de nombreux jeux avec l'étymologie ou l'histoire de la langue anglaise. Même si Tolkien était généralement très exigeant sur le travail éditorial, estimant notamment que son aide était indispensable pour les traductions du *Seigneur des Anneaux* (L. p. 248-249), ses particularités stylistiques furent parfois sanctionnées par les imprimeurs qui normalisèrent son orthographe (*dwarves, elvish, elven*, L p. 169, 313 ; S 1232 ; SdA App. F II) ou posèrent des problèmes pour les traducteurs (comme le jeu de mot entre Proudfoot et Proudfeet, difficile à rendre en français, S 43 ; SdA I ch. 1).

Une onomastique réaliste

Une autre question directement liée à celle des langues mérite d'être abordée, celle des noms puisque leur sens dépend des langues. Au sujet des noms elfiques Tolkien affirme qu'« ils sont cohérents et consistants et élaborés sur deux formules linguistiques apparentées, de sorte qu'ils acquièrent une réalité qui n'est pas pleinement atteinte [...] par d'autres inventeurs de noms (comme Swift ou Dunsany !) » (L p. 26). La taille conséquente de l'index des noms du *Silmarillion* (Silm p. 409-462) et de celui du *Seigneur des Anneaux* (S 1237 sq. ; SdA Index) permet de constater l'importance de l'onomastique dans l'ensemble de l'œuvre de Tolkien, qui s'exprime principalement dans les toponymes et les patronymes, façonnés à l'image de chaque peuple. Les noms des Hobbits et leurs toponymes sont simples et imagés : *Frodo Baggins* (Frodon Sacquet), *Bag End* (Cul-de-sac), *The Hill* (La Colline), *Brandywine* (Brandevin), *Hobbiton* (Hobbitebourg), *Merry* (littéralement « joyeux »), *Pippin* (« pomme de reinette », S 59 ; SdA I ch. 2). Les noms elfiques peuvent être nobles et majestueux, ce qui est généralement le cas des patronymes des Elfes et des Dúnedain (*Celeborn, Celebrindal, Elendil, Galadriel, Gil-Galad, Glorfindel, Undómiel*), ou bien sombres et inquiétants, comme ceux qui se rapportent au royaume de Mordor (*Barad-dûr, Cirith Ungol, Dol Guldur, Gorgoroth, Sauron*). Certains toponymes à coloration archaïsante ont été rendus par le vieil anglais pour souligner l'ancienneté de ces appellations (*Dunharrow, Harrowdale, Mirkwood, Rivendell, Starkhorn*)[4]. Le travail sur l'onomastique se manifeste également dans les nombreux noms de

4. Voir aussi l'explication que Tolkien donne des noms *Bree* et *Chetwood*, « formé à partir de vestiges de toponymie anglaise, choisis selon le sens » : bree (« colline, hauteur »), chet (« bois, forêt ») (S 1231 ; SdA App. F II).

peuples (*Dúnedain, Eldar, Glamhoth, Hobbits*[5], *Naugrim, Noldor, Quendi, Rohirrim, Sindar*), mais aussi les noms des mois et des saisons (S 1189 sq.; SdA App. D) ou ceux d'arbres et de fleurs (*mallorn, symbelmynë, elanor, mallos*).

Conséquence de l'importance des langues, l'intérêt des noms est visible dans le pouvoir qui leur est conféré : le nom d'*Elbereth* met les Nazgûl en fuite (S 224; SdA I ch. 12), *Aragorn* permet d'identifier Grands-Pas (S 194; SdA I ch. 10), personnage doté de plusieurs surnoms (*Elessar* « Pierre Elfique », *Estel* « l'Espoir », *Envinyatar* « Le Régénérateur », *Telcontar* « Grand Pas ») et qui ramène à la vie Faramir, Merry et Eowyn en les appelant par leur nom (S 929; SdA V ch. 8). Sylvebarbe juge Merry et Pippin « irréfléchis » parce qu'ils lui révèlent spontanément leurs noms (S 503; SdA III ch. IV), alors que les ents, comme les Nains (L p. 175), ne révèlent jamais le patronyme qu'ils possèdent dans leur propre langue car, selon eux, « ce serait tout dire » (S 502; SdA III ch. 4). On peut aussi constater qu'un grand nombre de personnages et lieux possèdent plusieurs noms, souvent signifiants. Ainsi la plupart des Valar possèdent au moins un surnom en plus de leur nom usuel : Manwë est surnommé *Súlimo* (« Celui qui souffle »), Yavanna est aussi nommé *Kementári* (« Reine de la Terre »), Varda possède plusieurs surnoms dont *Elbereth, Elentári* (les deux signifient « Étoile Reine », le premier en sindarin, le second en quenya) ou *Tintallë* « l'Enflammeuse », et Melkor fut surnommé *Morgoth* (« l'Ennemi Noir »), *Bauglir* (« le Contraignant ») et *Belegurth* (« Grande Mort »). La multiplicité des noms est souvent le reflet des différentes langues : Elwë, le roi de Doriath, est nommé *Singollo* en quenya et *Thingol* en sindarin (noms qui signifient tout deux « Gris Manteau »), les rois de Númenor possèdent souvent deux patronymes, un en quenya et un en adûnaic (comme *Tar-Calion* et *Ar-Pharazôn* « Le Vermeil »). Mais les différentes appellations d'un même personnage ou d'un même lieu sont parfois dues à des raisons historiques. Ainsi, la plaine *d'Ard-galen* (« la Région Verte ») fut renommée *Anfauglith* (« Poussière d'Agonie ») après avoir été dévastée lors de la bataille de Dagor Bragollach et Beren fut surnommé *Camlost* « la Main Vide » et *Erchamion* « le Manchot » après que sa main tenant le Silmaril fut arrachée par le loup Carcharoth. De tous les personnages créés par Tolkien, Túrin est certainement un de ceux qui furent doté du plus grand nombre de surnoms : *Adanedhel* « l'Homme-Elfe », *Agarwaen* « le sanglant », *Dagnir Glaurung* « le Tueur de Glaurung », *Gorthol* « Heaume de Terreur », *Mormegil* « l'Épée Noire », *Neithan* « le Dépossédé », *Turamarth* et *Turambar* « Maître du Destin » (en sindarin et en quenya).

L'aspect ludique de la chose...

Une grande partie de l'ambiance et de la saveur du monde de Tolkien est contenue dans ses langues. Le lecteur ne peut qu'être impressionné par tous ces noms étranges, qui semblent dotés de sens, et par les nombreux échantillons (phrases ou poèmes) de langues diverses. Et comment ne pas être intri-

5. Le nom inventé *Hobbit* pourrait être un nom anglais possible puisque selon les explications de Tolkien il descend de holbytla « fouisseur, bâtisseur souterrain », un nom inventé par lui à partir de l'anglo-saxon (S 1225, 1233; SdA App. F).

gué par les étranges runes de la carte de Bilbo ou de la tombe de Balin, ou par les arabesques elfiques des *tengwar* de l'inscription de l'Anneau ou de la porte de la Moria ? Tout cela fait penser à un puzzle ou à un jeu de piste et donne l'impression que l'auteur s'est amusé à semer des indices pour titiller la curiosité du lecteur et l'amener à adopter une attitude active. D'ailleurs, à des fans qui lui demandaient des précisions sur les langues elfiques, Tolkien répondait parfois par des lettres uniquement écrites en runes ou en *tengwar* (lettres 112 et 118 : L p. 125, 132). C'est une véritable invitation à décrypter, analyser et étudier ces inscriptions, et le lecteur se retrouve dans la peau de Champollion face à la pierre de Rosette.

Ce sentiment est renforcé par le fait que, dans le *Seigneur des Anneaux*, certains personnages se révèlent très sensibles aux sonorités de mots et de langues qu'ils ne comprennent pas comme Sam qui apprécie les sonorités de la langue des Nains (« J'aime ça ! dit Sam. J'aimerais l'apprendre. En la Moria, à Khazâd-dûm ! », S 348 ; SdA II ch. 4), Pippin qui goûte « le son très agréable » de l'entique (S 520 ; SdA III ch. 4) ou Merry qui « sentait son cœur bondir » à l'écoute d'un chant rohirrim (S 848 ; SdA V ch. 3). Les langues sont même littéralement dotées de pouvoir, comme les chants des Elfes de Fondcombe qu'entend Frodon, et qu'il ne comprend pas, et qui ont un effet presque magique sur lui : « Les mots semblaient presque prendre forme, et des visions de terres lointaines et de choses brillantes qu'il n'avait encore jamais imaginées s'ouvrirent devant lui » (S 260 ; SdA II ch. 1). Cela fait écho à la rencontre de Finrod Felagund avec les premiers Humains qui pénétrèrent en Beleriand et pour qui « la langue des Elfes se faisait entendre à chacun suivant ce que son esprit pouvait en comprendre » (Silm p. 181). Dans le *Silmarillion*, c'est tout un peuple des Elfes, les Noldor, qui appréciait les mots et qui fit évoluer sa langue selon ses désirs : « Leur langage changeait sans cesse, tant ils aimaient les mots, et ils cherchaient toujours à trouver des noms plus appropriés à tout ce qu'ils connaissaient ou qu'ils imaginaient » (Silm p. 73). On a l'impression que l'auteur, amoureux du verbe et des langues, a voulu communiquer sa passion au lecteur.

Mais s'agit-il bien de langues à part entière ou Tolkien s'est-il seulement contenté de bribes, limitées à des noms propres et à quelques expressions, auxquels est attribué un sens précis ? Ainsi naît le désir chez certains lecteurs de savoir à quel point ces langues sont développées et c'est là le début d'une longue aventure ! L'étude des langues inventées de Tolkien met en lumière des constructions linguistiques d'une grande ampleur : dans le numéro 6 de son fanzine *Tyalië Tyelelliéva*, Lisa Star affirme que sa propre liste de mots publiés contient près de douze mille entrées. Il semble donc que Tolkien créa bien plus de ces langues qu'il ne pouvait espérer en utiliser dans ses histoires. Bien qu'elles apparaissent dans une foule de noms exotiques, nous disposons de peu de longs textes, excepté quelques poèmes elfiques, mais tout cela n'est rien comparé à tout ce que Tolkien inventa. Que se passait-t-il dans la tête d'un homme qui, toute sa vie durant, s'est amusé à inventer, pour son propre plaisir, des langues entières qui n'ont jamais existé en dehors de ses propres notes ? Quelle est l'origine de cette création ? Comment cela fut-il réalisé ? Et pour quelles raisons ?

Tolkien, linguiste et philologue

Une vocation précoce

La passion de Tolkien pour les langues remonte à sa plus tendre enfance, passion qui lui fut sûrement transmise par sa mère : « Mon intérêt dans les langues fut dérivé uniquement de ma mère. [...] Elle connaissait l'allemand et m'en donna mes premières leçons. Elle était aussi intéressée dans l'étymologie, et éveilla mon intérêt dans cela ; et aussi dans les alphabets et l'écriture » (L p. 377). Ainsi, dès l'âge de cinq ans, celle-ci lui enseigna non seulement l'allemand, mais aussi le latin, le français (Bio p.32) et le grec (Bio p.39). À l'école Tolkien appris l'anglo-saxon (Bio p. 47), ancêtre de l'anglais, et, dans le même temps, il découvrit par hasard le gothique, la plus ancienne langue germanique attestée (en dehors de quelques très vieilles inscriptions runiques), et le vieux norrois (Bio p. 50). Sa curiosité et son goût pour les langues le poussèrent à étudier celles-ci, qui en retour attisèrent sa passion naissante : « J'ai appris l'anglo-saxon à l'école – aussi le gothique ; mais c'était un accident plutôt déconnecté du curriculum quoique décisif – je découvris non seulement la philologie historique moderne, qui faisait appel à l'histoire et au côté scientifique, mais pour la première fois l'étude d'une langue par pur amour : je veux dire pour le plaisir esthétique aigu procuré par une langue » (L p. 213).

Tolkien, l'universitaire

Son goût prononcé pour les mots et son amour pour les langues ne quittèrent jamais Tolkien puisqu'il en fit sa carrière et devint professeur de littérature médiévale anglaise. Il participa notamment à la rédaction du fameux *Oxford English Dictionnary*, fut *reader* en English Language à l'université de Leeds, puis professeur d'anglo-saxon à Oxford (spécialisé dans le dialecte mercien). Ses travaux universitaires consistèrent en conférences sur l'anglo-saxon et le moyen anglais (la plus connue porte sur *Beowulf*) ainsi que des éditions critiques (comme celle de *Sire Gauvain et le chevalier vert*)[6]. La biographie de Carpenter nous apprend que la maîtrise que possédait Tolkien de l'anglo-saxon était jugée exceptionnelle (Bio p. 121) et qu'il lui arrivait d'improviser des discours dans cette langue mais aussi en latin, en grec ou en gothique (Bio p. 64), quand il ne griffonnait pas des psaumes latins sur les enveloppes du courrier qu'il recevait (AI p. 190). Sa boulimie linguistique ne fut pas freinée par ses recherches universitaires, bien au contraire. Oxford offrit à Tolkien l'opportunité d'apprendre le gallois, une langue qui le fascinait depuis son enfance, et lui permit de découvrir le finnois : ces deux langues eurent un impact considérable sur ses propres constructions linguistiques. Au nombre des langues qu'il apprit par ailleurs on peut aussi ajouter l'espagnol, l'italien, l'ancien français et le russe...

6. Voir *Ancrene Wisse* (éd. de J.R.R. Tolkien, introd. de N.R. Ker, Oxford, Oxford University Press, 1962, 222 p.), *Finn and Hengrest : The Fragment and the Episode* (éd. de d'A. Bliss, Londres, HaperCollins, 1998, 180 p.), *A Middle English Vocabulary* (Oxford, Clarendon Press, 1922), *The Old English Exodus : Text, Translation and Commentary* (éd. de J. Turville-Petre, Oxford, Clarendon Press, 1981, 85 p.), *Sir Gawain and the Green Knight, Pearl and Sir Orfeo* (éd. et trad. de J.R.R. Tolkien, introd. de Ch. Tolkien, Londres, Allen & Unwin, 1975, 148 p.). Ces travaux extrêmement sérieux ne sont pas d'une lecture facile pour un lecteur francophone, entre autres parce qu'ils recèlent des extraits d'anglo-saxon parfois conséquents.

Tolkien se voyait comme un « *pur* philologue » (L p. 264), ou comme un « philologue scientifique » (L p. 345), passionné par la relation entre les langues, l'histoire et les récits. À ce sujet, on peut se référer à son discours d'adieu à l'Université d'Oxford : « c'est la philologie qui a sauvé [de nombreux textes] de l'oubli et de l'ignorance, qui a offert aux amoureux de poésie et d'histoire des fragments d'un passé glorieux qui sans elle serait resté à jamais mort et sombre » (MC p. 235). Ses intérêts étaient donc « largement scientifiques », mais il était aussi intéressé par les « contes traditionnels (particulièrement ceux qui concernaient les Dragons) [...] et l'écriture (pas la lecture) de vers » (L p. 345). Il aimait l'histoire et considérait que les meilleurs moments sont « ceux où elle met en lumière les mots et les noms » (L p. 264). Mais, par-dessus tout, il était sensible à l'esthétique des mots : « le plaisir de base dans les éléments phonétiques d'une langue et dans le style de leurs motifs [...] est d'une importance fondamentale » (MC p. 190).

Des goûts linguistiques prononcés

Pour Tolkien, les langues devaient être *belles*, leur *sonorité* devait être plaisante : il n'étudiait pas les langues, il les *goûtait* (MC p. 192). La conférence *English and Welsh* (MC p. 190-192) nous donne un bon aperçu de ses goûts linguistiques. Ainsi lorsqu'il apprit le latin, celui-ci lui sembla « tellement normal que plaisir ou dégoût était [...] inapplicable », mais l'aspect philologique, « la préservation [...] de la sensation linguistique et du style » dans le latin, fut un élément « historique et non purement esthétique » qui lui procura du plaisir (MC p. 191). « La fluidité du grec, ponctuée de dureté, avec sa surface brillante » le captivèrent, et ce dès sa première rencontre avec les noms de la mythologie grecque, une « partie de l'attraction était l'antiquité et l'éloignement étranger » (MC p. 191). L'espagnol vint à lui « par chance » et lui donna aussi beaucoup de plaisir, « bien plus que tout autre langue romane » (MC p. 191). Ce n'est pas le cas du français qu'il détestait et qui lui donna « moins de ce plaisir que tout autre langue » (MC p. 191). Au sujet du gothique, il raconte : « Le gothique fut le premier à me captiver complètement et entièrement, à prendre mon cœur » (MC p. 191). Il considérait que cette langue, de même que le gallois et le finnois, possédait une « esthétique phonétique individuelle puissante » (L p. 345) et il se sentait « principalement intéressé dans l'esthétique plutôt que dans les aspects fonctionnels de la langue » (L p. 231), l'important étant à ses yeux « la *forme* des mots » (L p. 172).

On constate donc que le plaisir linguistique était chez Tolkien d'ordre historique ou esthétique. Mais un autre aspect entrait en jeu, « le plaisir de l'association de ces formes de mot avec leur signification » (MC p.190). Pour Tolkien, « ce plaisir est plutôt distinct de la connaissance pratique d'une langue, [...] il est plus simple, plus profondément enraciné, et bien plus immédiat que la joie de la littérature. Bien qu'il puisse être allié à certains des éléments dans l'appréciation de la poésie, il ne nécessite aucun poète, autres que les artistes anonymes qui ont composé la langue. Il peut être fortement ressenti dans la simple contemplation d'un vocabulaire, ou même dans une kyrielle de noms » (MC p.190). Ainsi, lors de sa découverte du gothique, Tolkien rapporte que « la contemplation du vocabulaire dans *A Primer of the Gothic Language* était suffisante : une sensation au moins aussi délicieuse qu'un premier regard dans le *Homère* de Chapman », il essaya même d'inventer des mots gothiques (MC p.191).

Les langues inventées, « un vice secret »

En 1931, Tolkien écrivit *A Secret Vice*, un essai à propos du hobby quelque

« Sous le soleil, toutes choses doivent finir un jour. » (Legolas)

peu singulier d'inventer des langues personnelles, « un art pour lequel la vie n'est pas assez longue, en effet : la construction de langues imaginaires entières ou esquissées pour l'amusement, pour le plaisir du conducteur ou même [...] de toute critique pouvant apparaître » (MC p. 202).

Animalic, nevbosh et naffarin : les premières langues inventées

C'est très jeune que Tolkien commença à inventer des langues : « j'ai commencé la construction de langues dès ma prime enfance » (L p. 345). Un de ses premiers contacts avec les langues inventées remonte à 1905, lorsqu'il entendit ses jeunes cousines, Mary et Marjorie Incledon, communiquer en *animalic*, une langue de jeu inventée par les jeunes filles qui consistait principalement à détourner des noms d'animaux (d'où son nom). Déjà plongé dans l'étude du latin et de l'anglo-saxon, il trouva cette langue amusante et en apprit un peu. Bien des années plus tard, il jugea l'animalic « grossier [...] à l'extrême » et constata « la complète absence d'invention phonématique qui, au moins sous forme embryonnaire, est habituellement un élément de toutes les constructions de ce genre » (MC p. 200). L'animalic, sans doute trop « grossier » et rudimentaire, fut vite abandonné, mais certains des enfants continuèrent leurs jeux linguistiques et inventèrent une langue appelée *nevbosh* (« nouveau non-sens », MC p. 202), à la construction de laquelle Tolkien participa. Le nevbosh était un mélange de mots extrêmement distordus d'anglais, de français et de latin et ne représentait pas une réelle cassure avec l'anglais ou d'autres langues existantes. Mais se contenter de tordre des mots existants n'était pas suffisant (comme *woc* = « cow », MC p. 205). Alors émergea parmi les enfants quelque chose de plus sophistiqué : des mots qui ne venaient d'aucune langue spécifique, mais qui apparaissaient parce qu'ils convenaient à leur sens, parce que la combinaison du son et du sens leur plaisait. Tolkien mentionne notamment le mot *lint* « rapide, malin, agile » (MC p. 205), un mot qu'il n'oublia jamais puisque quarante ans plus tard, il fit chanter à Galadriel comment les années en Terre du Milieu étaient passées « *ve lintë yuldarlissë-miruvóreva* » (« pareilles à de *rapides* gorgées de l'hydromel sucré »). À son tour le nevbosh devint une langue morte, mais Tolkien était déjà en train de concevoir une de ses toutes premières langues privées, le *naffarin*, inspiré par le latin et l'espagnol. Une phrase de cette langue est citée, mais sans traduction : « *O Naffarínos cutá vunavru cangor luttos ca vúna tiéranar, dana maga tier cevru encá vún' farta once ya merúta vúna maxt' amámen* » (MC p. 209). Bien que le naffarin incorporait une partie du nevbosh tardif, on sent déjà un mouvement vers les formes elfiques. Mais de nouvelles influences apparurent dans la vie de Tolkien qui influencèrent profondément sa création linguistique, le gallois et le finnois.

Le gallois et le finnois, une influence décisive

Dans *English and Welsh*, Tolkien se rappelle avoir vu gravé sur une pierre tombale l'inscription *Adeiladwyd* 1887 (« bâti en 1887 ») et que ce fut pour lui une révélation de beauté (« cela perça mon cœur linguistique », MC p.192). À Oxford il eut l'occasion d'étudier cette langue, il en donna même des cours (L p. 12), et il se révéla que le gallois était plein de mots merveilleux comme celui-ci. Mais Tolkien avait du mal à communiquer ce qu'il trouvait si fantastique dans le gallois. Dans son essai, il fait une tentative honnête : « La plupart des anglophones admettront que *cellar door* (« porte du caveau ») est « beau », plus spécialement s'il est dissocié de son sens (et de son orthographe). Plus beau que, par exemple, *sky* (« ciel »), et bien plus beau que *beautiful* (« beau »). Et bien, en gallois les *cellar doors* sont pour moi extraordinairement fréquents, et, à une dimension plus haute, les mots dans lesquels il y a un plaisir dans la contemplation de l'association de la forme et du sens sont abondants ». Il cite ensuite également des exemples concrets comme le gallois *wybren* étant « plus plaisant » que l'anglais *sky* (MC p. 190-193). C'est aussi à Oxford qu'il découvrit par hasard une grammaire de finnois et se trouva en extase phonesthétique : « C'était comme la découverte d'une cave à vin entière remplie de bouteilles d'un vin merveilleux, d'un genre et d'une saveur jamais goûtés auparavant. Cela m'intoxiqua presque » (L p. 214). Enivré de finnois, il abandonna sa création d'une langue germanique « inédite » car il avait trouvé des inspirations plus puissantes que l'anglo-saxon et le gothique. À partir du moment où Tolkien découvrit le gallois et le finnois, ces langues devinrent les influences principales de ses constructions linguistiques. Il précisa que ses langues furent lourdement influencées par le finnois, « dans la phonétique et dans la structure » (L p. 214) et que le sindarin avait été « construit délibérément pour ressembler phonologiquement au gallois », une langue qu'il trouvait « particulièrement attractive » (L p. 219).

Vers les langues elfiques et la création littéraire

En 1916 Tolkien écrivit à sa bien-aimée Edith : « J'ai fait quelques modifications à mon absurde langue féerique – pour son amélioration. Il me tarde souvent d'y travailler mais je m'en empêche car, bien que j'aime tellement ça, cela semble être un hobby fou » (L p. 8). Fou ou non, il travailla jusqu'à la fin de sa vie à l'élaboration et l'amélioration de ses langues imaginaires, et il affirma souvent qu'il avait inventé son « monde secondaire » dans un seul but, celui d'avoir un contexte où ses « langues elfiques » pouvaient exister.

Mythes et langues, un « essai en esthétique linguistique »

C'est donc avec la découverte du gallois et du finnois que les langues inventées de Tolkien devinrent définitivement les langues elfiques. Il expliqua que « Le finnois [...] fut le germe original du *Silmarillion* » (L p. 87) : « le germe de ma tentative d'écrire des légendes personnelles pour convenir à mes langues privées fut le conte tragique de Kullervo le malchanceux dans le *Kalevala* finnois » (L p. 345). Il essaya de « réorganiser », de réécrire ces légendes : « Le commencement du legendarium, dont la Trilogie fait partie (la conclusion), fut une tentative pour réorganiser une partie du *Kalevala* [...] dans une forme qui soit mienne » (L p. 214). La découverte de cet univers mythique donna naissance à sa propre mythologie personnelle, étroitement associée à la création de langues, puisque celles-ci nécessitent un « lieu » et une « Histoire » pour se développer (L p. 375). C'est en 1916, alors que Tolkien, ayant survécu à la Bataille de la Somme, se trouvait dans un hôpital, qu'il écrivit les toutes premières parties de sa « mythologie pour l'Angleterre », des fragments de ce qui deviendrait un jour le *Silmarillion*. Un peu plus tôt, il entama la rédaction de sa première liste de mots elfiques. On trouve ainsi dès 1916 une allusion aux premières formes du quenya, qui remontent sans doute aux années 1911-1915 (L p. 8 et note p. 434), la création littéraire, sous forme de poèmes et de récits, n'apparut qu'ensuite : « Les histoires furent comparativement tardives à venir » (L p. 214). Une chose déclencha l'autre : « La création de langue et de mythologie sont des fonctions reliées », observe-t-il dans *A Secret Vice*, et il ajoute que la « construction d'une langue *engendrera* une mythologie » (MC p. 210-211). À cela il ajoute aussi : « J'ai fait la découverte que les "légendes" dépendent de la langue à laquelle elles appartiennent ; mais une langue vivante dépend également des légendes qu'elle transmet par tradition » (L p. 231). Dans *Faërie*, il affirme que l'inverse est également vrai, et qu'étudier des récits (des contes en l'occurrence) amène à s'interroger sur « l'origine du langage et de la pensée » (F p. 148).

Tolkien revient très souvent sur l'importance primordiale des langues, des alphabets et des noms dans son œuvre : « Je suis [...] en premier lieu un philologue et, dans une moindre mesure, un calligraphiste [...] l'intérêt le plus absorbant est les langues elfiques, et la nomenclature basée sur elles ; et les alphabets » (L p. 247). Il précisa son propos dans une lettre écrite peu après la publication du *Seigneur des Anneaux* : « mon œuvre est d'inspiration *fondamentalement linguistique* » (L p. 219). « L'invention de langues est la fondation. Les "histoires" furent plus créées pour fournir un monde pour les langues que l'inverse. [*Le Seigneur des Anneaux*] est pour moi [...] largement un essai en "esthétique linguistique", comme je le dis parfois aux gens qui me demandent "de quoi s'agit-il exactement ?" » (L p. 219-220). Dans l'avant-propos de la seconde édition anglaise du *Seigneur des Anneaux*, il fait quasiment le même aveu : « J'avais peu d'espoir que d'autres personnes s'intéressent à ce travail, d'autant plus qu'il était principalement d'inspiration linguistique et a été commencé dans le but de fournir un contexte "historique" à l'existence des langues elfiques » (*Rivages* p. 311). Peu de gens prirent cette explication au sérieux : « Personne ne me croit quand je dis que mon long livre est une tentative de créer un monde dans lequel une forme de langue en accord avec mon esthétique personnelle pouvait sembler réelle », se plaignait Tolkien, « mais c'est vrai » (L p. 224).

Ainsi George Sayer, élève de C.S. Lewis et ami de celui-ci et de Tolkien, raconte : « Je l'ai questionné une fois à propos de l'origine du *Silmarillion* et du *Seigneur des Anneaux*. Elle semblait plus que tout autre chose philologique. Puis, au moment où j'allais partir avec C.S. Lewis, il me tendit une pile de papier. "Si vous êtes intéressé, jetez un œil à ceux-ci." Lewis et moi les emmenèrent dans un pub et les regardèrent, au-dessus de pain et de fromage. "Grands cieux !" s'exclama-t-il, "il semble avoir inventé non pas une mais trois langues complètes avec leurs dialectes. Il doit être l'homme le plus intelligent d'Oxford. Mais nous ne pouvons pas les garder. Ramenez-les-lui pendant que je reprends une pinte." »[7] (C p. 15).

Une « mythologie pour l'Angleterre » et un souci de cohérence

Tolkien dit, au sujet de son amour pour le gothique, qu'il aimait cette langue pour n'être pas seulement « libre d'être utile mais aussi libre d'être le "véhicule d'une littérature" » (L p. 213). Et si dans un premier temps la seule contemplation d'un vocabulaire gothique le remplissait de joie, il se lamenta, bien plus tard, « de la perte de la littérature gothique » (MC p.190). Il regrettait aussi l'absence d'un réel corpus mythologique anglo-saxon, ou plutôt la perte de celui-ci : « J'étais, depuis les premiers jours, peiné par la pauvreté de mon pays bien aimé : il n'avait pas d'histoires qui lui soient propres (reliées à sa langue et son sol), pas de la qualité que je cherchais, et trouvais (comme un ingrédient) dans les légendes d'autres pays » (L p. 144). Le monde arthurien ne comblait pas ce vide qu'il ressentait, n'étant pour lui qu'« imparfaitement naturalisé, associé avec le sol de la Grande-Bretagne mais pas avec l'anglais »[8] (L p.144). Ainsi il explique que « quelque chose devait être fait au sujet du mot anglo-saxon particulier ent pour "géant" ou personne puissante de jadis » (L p. 208) et que celui-ci méritait d'être développé dans une narration. « J'avais à l'esprit de créer un corps de légendes plus ou moins connectées [...] que j'aurais pu dédier simplement à l'Angleterre, à mon pays » (L p. 144) : la création littéraire de Tolkien fut donc entreprise avec le désir de « rendre à l'anglais une tradition épique et de la présenter avec sa propre mythologie » (L p. 231).

Tolkien reprochait aux autres créateurs de monde (comme Eddison, Swift ou Dunsany) la place insuffisante qu'ils accordaient aux langues : la plupart des auteurs de fantasy se contentent en effet d'inventer des mots et des noms sans signification propre et sans relations étymologiques solides, alors que lui recherchait équilibre et cohérence. C'est ce qu'il valorisait dans Le *Silmarillion* qui comprend une « nomenclature », entendue comme un système de noms et de termes, et une « Histoire organisée » sur lesquels il s'appuya pour créer le *Seigneur des Anneaux*. Dans ce dernier, le passage du temps se manifeste par le contraste entre le westron (traduit par l'anglais moderne) et le rohirrim (rendu par l'anglo-saxon), qui représentent des époques différentes d'une même langue. Le lien historique réel existant entre les deux langues est transféré dans le monde fictionnel ce qui fournit une profondeur temporelle indéniable : « j'ai calqué la langue du Rohan sur le vieil anglais, car apparenté à la fois (mais de loin) au parler commun, et (de très près) à l'ancien idiome des Hobbits, c'était une langue qu'on pouvait juger archaïsante en regard du westron » (S 1231 ; SdA App. F II). Mais Tolkien alla bien plus loin que de simples nomenclatures puisque certaines de ses langues elfiques furent développées au

7. Ces « papiers » étaient peut-être une version de *Quendi and Eldar* (MR p. 357-417), un essai sur l'origine des noms des Elfes où sont citées certaines racines primitives et des mots qui en sont dérivés dans trois langues elfiques (*quenya, telerin et sindarin*).

8. Le texte original montre bien la distinction que fait Tolkien entre *Britain et English. English* (« anglais ») fait directement référence aux anglo-saxons alors que *Britain* (« Bretagne, Grande-Bretagne ») désignait à l'origine le pays des Britons, les Celtes qui vivaient sur cette terre avant l'invasion anglo-saxonne.

« Chacun a quelque chose de trop cher pour le confier à autrui » (Aragorn)

point de posséder une grammaire et une phonologie propres, ainsi qu'une histoire linguistique élaborée. La cohérence des noms tirés de ces langues amène une « cohésion » au style et « une illusion d'historicité » que l'auteur recherchait (L p. 143).

C'est donc naturellement par les langues inventées que ses deux activités d'universitaire et d'écrivain sont reliées. Tolkien mit son savoir en pratique dans l'invention d'une véritable philologie fictionnelle qui transparut dans sa création romanesque : « la langue privée et sa conséquence, la mythologie privée, étaient directement connectées avec certains des résultats les plus hautement pratiques qu'il atteignit, alors qu'ils continuaient en privé à bourgeonner en contes et poèmes » (M. Salu et R.T. Farrel, J.R.R.. Tolkien, *Scholar and Storyteller*).

Les langues d'Arda

Les langues de Tolkien peuvent définitivement être qualifiées comme étant *construites* mais cela ne les distingue guère des langues naturelles, construites par le travail conjugué du temps et l'action inconsciente de populations entières. Les langues inventées de Tolkien furent créées par un seul homme qui savait ce qu'il faisait, mais elles ont aussi une histoire faite de changements et d'évolutions – et même en deux dimensions : le niveau « externe » (les nombreuses révisions effectuées par Tolkien au cours de sa vie) et le niveau « interne » (le développement imaginaire au sein du monde inventé). Les constructions linguistiques de Tolkien peuvent donc être qualifiées de langues *simulées*.

Il faut cependant distinguer les deux principales langues elfiques des autres idiomes évoqués dans son œuvre : « la construction d'une mythologie élaborée et consistante (et de deux langues) occupe plutôt l'esprit » (L p. 26). Tolkien affirma que seuls le quenya et le sindarin étaient dotés d'un système phonologique, d'une grammaire et d'un lexique, avec une onomastique cohérente, construits « scientifiquement » (L p. 143), dont Le *Seigneur des Anneaux* et Le *Silmarillion* donnent quelques aperçus : « Deux des langues elfiques [...] ont une sorte d'existence, puisque je les ai composées dans une certaine complétude » (L p. 175).

La lente maturation

C'est dès le début qu'il y eut deux langues principales dans la mythologie : une qui sonnait comme le finnois, et une qui ressemblait au gallois. Contrairement à leurs inspirations, elles étaient apparentées et dérivaient même d'une langue commune primitive. La langue proche du finnois fut appelée « *qenya* », et celle ressemblant au gallois fut nommée golgodrin ou « gnomique », *i-Lam na-Ngoldathon* (« la langue des Gnomes »). Le premier lexique gnomique et la liste de mots « qenya », dont des extraits conséquents figurent dans l'appendice sur les noms dans *Les Contes Perdus* (LCP I p. 325-363 ; LCP II p. 429-445), ont été publiés en intégralité dans le fanzine américain *Parma Eldalamberon* (PE n°11 et 12, épuisés) et se révèlent être les plus complets des « dictionnaires » que Tolkien rédigea jamais pour ses langues elfiques. Mais la pertinence des dictionnaires originaux déclina rapidement, au fil des fréquentes révisions qui les rendirent obsolètes. Les langues évoluèrent considérablement, parallèlement aux histoires du *Silmarillion*. Le « *qenya* » atteignit une relative stabilité assez tôt, et une réforme de l'orthographe lui donna son nom final : quenya. Le gnomique fut lourdement révisé, au point que sa forme ultérieure, longtemps nommée *noldorin*, n'était plus vraiment la même langue. Au cours de la rédaction du *Seigneur des Anneaux*, Tolkien réalisa que, pour des raisons de cohérence, cette langue devait être attribuée aux Sindar de la Terre du Milieu et le noldorin fut renommé *sindarin*.

Dans la deuxième moitié des années trente, Tolkien rédigea les *Étymologies* (LR p. 347-400), une liste de quelque sept cents « racines » d'elfique primitif et de leurs dérivés dans les langues ultérieures. C'est apparemment à cette liste qu'il se référait quand il commença à écrire *Le Seigneur des Anneaux*, comme semblent l'indiquer certains des mots et noms qui y furent ajoutés : *mith* « gris » et *rhandir* « pèlerin », qui ensemble donnent *Mithrandir*, le nom sindarin de Gandalf (LR 345). Les *Étymologies* nous livrent des formes archaïques (marquées d'un astérisque comme « non attestées ») et les formes ultérieures en quenya et noldorin (sindarin), ainsi que dans quelques autres langues (*telerin, doriathrin, ossiriandeb*, ...). Cela nous fournit de précieuses informations sur la technique utilisée par Tolkien pour imaginer ses constructions linguistiques.

Des règles phonologiques précises

Christopher Tolkien décrit la technique de son père dans une phrase très intéressante : « Après tout, les nouveaux mots et noms n'étaient pas "inventés" arbitrairement : en principe, il les imaginait à l'intérieur de la structure historique, procédant à partir des "bases" ou racines primitives, ajoutant des suffixes ou des préfixes, ou formant des composés, décidant (ou, comme il aurait dit, "trouvant") quand le mot venait dans la langue, le suivant dans les changements réguliers de forme qu'il aurait pu subir, et observant les possibilités d'influence formelle ou sémantique d'autres mots dans la durée de son histoire ». Le résultat : « Un tel mot pouvait ensuite exister pour lui et il devait le connaître » (LR p. 342).

Les nombres elfiques sont un bon exemple de ce procédé. Considérez les racines primitives des mots pour les nombres de 1 à 10, plus les mots dérivés de ces racines comme ils apparaissent en quenya et en sindarin :

1 - MINI : Q minë, S min
2 - AT(AT) : Q atta, S tad
3 - NEL(ED) : Q neldë, S neledh
4 - KÁNAT : Q canta, S canad
5 - LEPEN : Q lempë, S leben
6 - ÉNEK : Q enquë, S eneg
7 - OTOS/OTOK : Q otso, S odog
8 - TOL-OTH/OT : Q tolto, S toloth
9 - NÉTER : Q nertë, S neder
10 - KAYAN/KAYAR : Q cainen, S caer

On peut voir comment Tolkien, partant des racines primitives, parvenait aux formes ultérieures grâce à des règles données. Ces règles étaient conçues de telle sorte que les langues résultantes possédaient le genre de musique que l'auteur souhaitait. Ainsi, en sindarin, les consonnes non voisées *p, t, k* devenaient les consonnes voisées b, d, g quand elles suivent une voyelle (LEPEN > *leben*, ÉNEK > *eneg*, NÉTER > *neder*). En quenya, les plosives non voisées sont généralement inchangées, mais la consonne finale est souvent déplacée, d'où les chiffres *lempë, enquë* (i.e. *enkwe*) et *nertë*. En quenya la voyelle finale courte *i* devient *e* à la fin des mots, donc la racine MINI donne *minë*, alors que le sindarin abandonne la voyelle pour produire *min*. Les chiffres nous fournissent aussi un exemple « d'influence formelle ou sémantique » puisque, selon *Étymologies*, le mot sindarin pour « trois » était à l'origine *neledh*, mais il devint *neled* parce qu'il fut « influencé » par *tad* et *canad*.

La recherche de l'association entre le son et le sens

Dans une de ses lettres, Tolkien établit que les langues elfiques étaient « prétendues (a) être définitivement d'un genre européen en style et en structure (pas en détails); et (b) être spécialement plaisantes. Le premier point n'est pas difficile à atteindre, mais le second est plus difficile, puisque les préférences personnelles des individus, particulièrement dans la structure phonétique d'une langue, varient largement... Je me suis donc fait plaisir » (L p. 175-176). Même si, comme il le remarqua, les goûts des individus varient largement, beaucoup de gens semblent d'accord sur le fait que les langues elfiques sont particulièrement euphoniques et il enregistra des retours positifs : « Les noms de personnes et de lieux dans l'histoire étaient principalement composés de motifs délibérément modelés sur ceux du gallois (très similaires mais pas identiques). Cet élément a donné peut-être plus de plaisir aux lecteurs que tout autre chose dans le conte » (MC p. 197).

Mais d'où venaient les mots ? Étaient-ils, après tout, arbitraires ? Tolkien fut interviewé par le *Daily Telegraph* en 1968 et, quand il eut à lire une version préliminaire de l'interview, il fut horrifié de découvrir qu'il avait dit : « Quand vous inventez une langue, vous l'inventez de toutes pièces. Vous dites *boo-hoo* et cela signifie quelque chose ». Il n'était pas sûr d'avoir tenu de tels propos, qui étaient à l'opposé de sa conception puisque c'étaient les sons qui primaient dans le processus de création verbale. Il choisissait des sonorités en fonction de ses goûts, puis les intégrait dans son récit et dans la structure linguistique existante, où elles recevaient un sens : « Pour moi, un nom vient d'abord, ensuite suit l'histoire » (L p. 219-220). De même, à propos de noms de fleurs il dit qu'« il serait tentant d'essayer et de créer des fables pour convenir aux noms » (L p. 106). Il s'agit bien de faire coïncider un nom, et la représentation que s'en fait l'auteur, et un récit. Dans une lettre, Tolkien déclare que « tous les noms dans le livre, et les langues, sont évidemment construits et ne sont pas le fruit du hasard » (L p. 219). Il y a cependant des exceptions à cette règle et on trouve quelques noms aléatoires. Une note reproduite dans *The War of the Jewels* suggère que l'auteur ignorait le sens des mots *Amloth* et *Ecthelion* lorsqu'il les utilisa, mais comme ils « sonnaient bien et avaient été imprimés », il prit ensuite le temps de trouver quelle pouvait être leur signification (WJ p. 318). Mais certains noms se révélèrent trop difficiles, comme *Eöl* au sujet duquel il écrivit : « Il n'est pas vraiment absolument nécessaire que les noms soient signifiants » (WJ p. 230).

Tolkien expliqua que « c'est certainement la *contemplation* de la relation entre le son et le sens qui est une source principale de plaisir » (MC p. 207) et qu'il faisait des mots basés sur des prédilections personnelles, son guide étant ce qu'il pensait être phonétiquement convenable (L p. 375). Ces associations étaient évidemment « personnelles » : certains mots ou racines semblent bien convenir à leur sens pour un francophone, comme *MOR* « noir » (par association avec « la mort ») ou *carnë* « rouge » (qui peut être associé à la racine latine pour « chair »), mais cela ne sera pas forcément le cas pour quelqu'un qui parle une autre langue. Il est cependant assez unanimement reconnu que la forme de certains mots elfiques semble en accord avec leur signification : *elen* « étoile », *menel*

« ciel », *vanya* « beau », *wen* ou *wendë* « jeune fille », *lótë* « fleur », *masta* « pain », etc. Tolkien expliqua la base de certaines de ces prédilections : « L'élément *(n)dor* "terre", a probablement quelque chose à voir avec des noms comme *Labrador* (un nom qui pourrait par le style et la structure être sindarin) » (L p. 383-384). On apprend aussi comment *GON(O), GOND(O)* devint la racine elfique pour « pierre, roche » (comme dans *Gondor* « Pays de Pierre », *Gondolin* « chant de pierre, pierre chantante ») : quand il avait huit ans, Tolkien lut un livre qui précisait qu'on ne connaissait rien des langues des tribus pré-celtiques et pré-romaines, à l'exception peut-être de ond « pierre ». Le jeune Tolkien pensa que ce mot « convenait à la signification », il s'en souvint et l'utilisa quand il inventa ses propres langues de nombreuses années plus tard : sindarin *gond* ou *gonn*, quenya *ondo* (L p. 410)[9].

L'influence des langues réelles

Si des facteurs internes montrent que les langues de Tolkien sont inventées, sa connaissance des langues réelles et l'influence de celle-ci dans sa propre création est évidente. La langue des Rohirrim est basée sur l'ancien anglais (L p. 381), le sindarin s'inspire clairement du gallois (L p. 176, 219), notamment par certains aspects phonologiques comme les mutations des consonnes initiales ou *lénitions*, et le quenya est conçu sur le modèle du finnois mais est aussi influencé par le latin et le grec (S 1201 ; SdA App. E I ; L p. 176, 214). La langue des Nains peut être rapprochée de l'ancien norrois, dont elle emprunte certains noms, mais elle possède aussi « une saveur faiblement sémitique » de par la structure trilitère de ses racines (SD p. 241), une caractéristique qu'elle partage avec l'adûnaic, la langue de Númenor. Mais ces deux langues possèdent en outre leurs propres spécificités puisque « les arrangements vocaliques au sein de la racine, cependant, ne ressemblent guère au sémitique » (SD p. 415 sq.).

L'influence des langues réelles se manifeste également dans le vocabulaire et certains mots elfiques semblent directement empruntés à des langues réelles : arabe (*lá* « non, ne ... pas »), hébreux (*pé* « bouche »), langue indo-européenne (*nér* « homme »). Parfois il s'agit plus de ressemblances : ken- « voir » est proche du chinois *kan* ; *roch* « cheval » pourrait être apparenté au verbe hébreux *râkháv* « chevaucher », le mot doriathrin *garm* (de la racine *ÑGAR(A)M* « loup », qui donne aussi le quenya *narmo* et le sindarin *garaf*) peut être comparé à *Garm*, un des noms du monstrueux *loup-Fenris* de la mythologie nordique. On peut aussi retrouver des similitudes avec les langues scandinaves modernes : norvégien (*verge, verje* « protéger », quenya *varya*), scandinave (*pil* « flèche », quenya *pilin*), norvégien, suédois ou danois (*mat* « manger » en norvégien/suédois, quenya *mat-*, sindarin *medi*, danois *mad* « nourriture »). On peut aussi se demander si Quendi en tant que nom des Elfes est relié à *kvener*, un vieux nom scandinave des Finnois. Tolkien introduisit même des « calembours historiques » délibérés (LCP I p. 328), particulièrement dans

9. Le livre qui fournit à Tolkien le mot *ond* fut finalement identifié dans *Vinyar Tengwar : Celtic Britain* par le Professeur John Rhys, un livre qui selon Carl F. Hostetter et Patrick Wynne « consiste en plus de 300 pages denses de discussion étymologique, contenant de nombreux passages de latin et de grec non traduits ». C'était la lecture préférée de Tolkien à l'âge de huit ans !

ses listes de mots primitives (Christopher Tolkien cite notamment *Sahóra* « le Sud » et *nénuvar* « étang de nénuphars », LCP I p. 328), mais aussi dans les versions ultérieures de ses légendes (après qu'elle fut submergée, l'île de Númenor fut nommée *Atalantë* « l'Engloutie », un nom qui évoque évidemment l'Atlantide).

Quand il imaginait de nouveaux fragments de langues non-elfiques, comme le noir parler de Mordor ou l'adûnaic (élaboré en structure mais pas au niveau du vocabulaire), on pourrait penser que Tolkien était probablement moins réticent à créer des mots arbitrairement. Mais, ce n'était pas toujours le cas, et même s'il rejetait parfois les rapprochements, arguant qu'il est simplement impossible d'éviter toute similitude entre un mot inventé et un terme préexistant, une signification venue de l'extérieur venait parfois se superposer dans certains de ses mots inventés (L p. 380, 385). Ainsi le mot de noir parler *nazg* « anneau » (comme dans *Nazgûl* « Esprits de l'Anneau ») semble être un emprunt inconscient du gaélique *nasc* de même signification (L p.385). Or le noir parler était construit pour être aussi laid que possible, et Tolkien n'aimait pas le gaélique[10]. Ce cas est plus fréquent qu'il ne l'admettait, lui-même ne reconnaissait que des analogies et non des emprunts, mais il n'est pas étonnant qu'il ait cherché à estomper cette réalité, qui pose la question du rapport avec le monde réel, un univers étranger à la fiction.

Le problème de la stabilité

Les langues de Tolkien subirent d'autres changements que ceux de l'évolution fictive au sein du monde imaginaire : les perpétuels changements et évolutions conçus par le créateur en action. Il observa que « si vous construisez votre langue artistique sur des principes choisis », vous pouvez écrire de la poésie dans cette langue, « tant que vous la fixez, et que vous restez courageusement fidèle à vos propres règles, en résistant à la tentation du despote suprême de les altérer » (MC p. 218-219). Mais il ne respecta pas ses propres règles et ses écrits linguistiques ne furent jamais réellement unifiés dans un système fixe, l'auteur privilégiant « l'évolution historique » du lexique et le travail sur la morphologie, ce qui rend l'étude de ces langues encore plus complexe, à cause de l'hétérogénéité du corpus et des nombreuses indécisions qu'il recèle.

La « trop grande » liberté du créateur de langues

Les langues de Tolkien ne furent jamais vraiment achevées, et seule la mort de l'auteur en 1973 leur assura une stabilité définitive. Dans *Sauron Defeated*, c'est sans aucun doute Tolkien qui s'exprime par l'intermédiaire du personnage Lowdham : « En faisant une langue vous êtes libre : trop libre. Il est difficile d'ajuster la signification de n'importe quel motif sonore, et encore plus difficile d'ajuster un motif sonore à une signification donnée. Je dis *ajuster*. Je ne dis pas que vous ne pouvez pas assigner les formes ou les significations arbitrairement, comme vous le souhaitez. Par exemple, vous voulez un mot pour *ciel*. Bien, appelez-le *jibberjabber*, ou n'importe quoi d'autre

10. Encore un exemple des goûts linguistiques finement accordés de Tolkien : exceptés ceux pour qui ces langues sont natives, combien de gens sont capables de distinguer le gaélique du gallois ?

qui vous vient à l'esprit sans l'exercice d'un goût linguistique ou de l'art. Mais c'est de la réalisation de code, pas de la création de langue. C'est une tout autre chose que de trouver une relation, sonorité plus sens, qui soit satisfaisante, c'est-à-dire quand elle est rendue *durable*. Quand vous êtes juste en train d'inventer, le plaisir ou l'amusement est au moment de l'invention ; mais, quand vous êtes le maître, votre caprice est loi, et vous pouvez avoir envie d'avoir l'amusement à nouveau, neuf. Vous êtes susceptible d'être constamment en train de modifier, altérer, raffiner, fléchir, selon votre humeur linguistique et vos changements de goût » (SD p. 240). C'est ce que Tolkien fit lui-même, puisque, toute sa vie durant, il n'eut de cesse de réviser et de peaufiner ses langues.

Une expérimentation perpétuelle

Le vocabulaire, la phonologie et la grammaire furent révisés de façon répétée et certains mots virent même leur signification totalement inversée : dans le *Silmarillion*, les *Avari* sont les Elfes qui refusèrent de quitter Cuivénen et d'aller à Valinor, mais les *Étymologies* indiquent que Tolkien destinait le nom *Avari* pour les Elfes qui allèrent à Valinor (LR p. 347-348). Si le nom *Fëanor* exista dès le tout début il ne signifia pas toujours « Esprit de Feu », comme il est traduit dans le *Silmarillion* : dans les *Étymologies* le nom est interprété comme « Soleil Radiant », de la forme plus ancienne **Phay-anâro* (LR p. 381), et bien avant cela, dans les toutes premières listes de mots, il signifiait « fabriquant de gobelets » (LCP I p. 339). Les *Étymologies* donnent quelques exemples de « qenya » possédant un génitif en -n, comme *Ar Manwen* « Jour de Manwë » (LR p. 368), mais dans le quenya du *Seigneur des Anneaux*, -n est devenu la terminaison du datif, alors que le génitif est marqué par la terminaison *-o* : Tolkien dut un jour décider que celle-ci sonnait plus génitive que le *–n*. Le poème de « qenya » ancien *Markirya*, écrit en 1931 (MC p. 214-214), est très intéressant puisque Tolkien réécrivit ce poème bien plus tard, probablement entre les années soixante ou le début des années soixante-dix, ce qui nous permet de constater l'écart entre le « qenya » primitif et le quenya « mature », telle que la langue était devenue après trente ans de révisions. La comparaison des deux versions montre qu'un seul mot est resté inchangé (*man* « qui »), on retrouve également la terminaison du futur *-uva* (dans *kiluva* > *kenuva* « verra »).

La tentation de réviser le poussait même parfois à modifier quelque chose qui avait déjà été publié : le salut de Frodon à Gildor (*elen síla lúmenn' omentielmo*) dans la première version du *Seigneur des Anneaux*, fut modifié pour donner *elen síla lúmenn' omentie<u>lvo</u>* à la place, et cette forme fut utilisée dans les éditions suivantes[11]. Néanmoins, il ne fait aucun doute que les plus grands changements et révisions se produisirent avant la moitié des années trente. Vers la fin de sa vie, Tolkien jugea la langue « gnomique » originale des alentours de 1915 comme « une langue qui finalement devint celle du type appelé sindarin » et il tenait son « qenya » du tout début

11. Dick Plotz, un pionnier de l'étude de l'elfique, fut choqué par cette nouvelle forme et, pensant à une erreur des éditeurs américains, Ballantine, il les persuada de la corriger. Dans l'édition suivante, les éditeurs, hélas incompétents en la matière, introduisirent la forme *omentilmo*, qui ne signifie rien du tout. Les efforts honnêtes ont parfois de tristes conséquences!

comme étant « très primitif » (PME p. 379). Mais avec l'apparition des *Étymologies* au milieu des années trente, les formes du quenya presque mature et du « noldorin » (peu éloigné du sindarin) se mirent en place, et l'inventeur passa les quarante dernières années de sa vie à fignoler des détails. Mais cette « stabilité » n'était que relative puisque Tolkien changeait parfois d'avis de façon répétée et se trouvait même confronté à des choix cornéliens (ainsi le matériel publié montre que l'auteur mis plusieurs dizaines d'années pour

décider si le **ai* primitif donnait *oe* ou *ae* en sindarin).

Des bouleversements conceptuels

Mais les langues subirent aussi de grands bouleversements conceptuels, au niveau « externe ». Christopher Tolkien dit à ce sujet : « Les histoires linguistiques furent [...] inventées par un inventeur, qui était libre de changer ces histoires comme il était libre de changer l'histoire du monde dans lequel elles se déroulaient, et il le fit si abondamment... D'ailleurs, les altérations dans l'histoire ne se limitaient pas aux caractéristiques du développement linguistique "intérieur" : la conception "extérieure" de ces langues et leurs relations subirent des changements, et même de profonds changements » (LR p. 341-342). Le sindarin en est un bon exemple. Dans les appendices du *Seigneur des Anneaux* et dans le *Silmarillion*, le sindarin est la langue des Sindar, les Elfes Gris, qui commencèrent la Grande Marche depuis Cuivénen mais ne traversèrent pas la mer pour aller à Valinor et s'établirent finalement en Beleriand. Mais dans les notes de Tolkien antérieures au *Seigneur des Anneaux*, le sindarin est appelé *noldorin*, et avant cela *gnomique*, car il était la langue des Noldor ou « Gnomes », les « Elfes Sages ». Il fut développé à Valinor, alors que le quenya dans le scénario premier était la langue des *Lindar*, le premier des trois clans des Eldar (pour compliquer encore les choses, les Lindar furent plus tard renommés les *Vanyar*, alors que *Lindar* devint le nom du troisième clan, les Teleri). Mais Tolkien réalisa sans doute que les Elfes, immortels, auraient difficilement pu développer des langues radicalement différentes alors qu'ils vivaient côte à côte en Valinor. Donc, selon le scénario révisé, les Vanyar et les Noldor parlaient quenya, avec juste de petites différences dialectiques alors que la langue « noldorine » qu'il avait déjà inventée fut simplement renommée sindarin, transféré de Valinor en Terre du Milieu et replacée dans la bouche des Elfes Gris qui y vivaient. Il était, bien sûr, beaucoup plus plausible qu'ils aient développé une langue très différente du quenya, ayant été séparés de leurs parents de Valinor pendant des milliers d'années. Christopher Tolkien commente : « Cette réforme fut d'une telle ampleur que les structures linguistiques préexistantes elles-mêmes furent déplacées dans de nouvelles relations historiques et que de nouveaux noms leur furent donnés » (LR p. 346).

Étudier les langues elfiques

On peut constater que la nomenclature de Tolkien a inspiré certains auteurs de fantasy (un genre littéraire où les noms ont souvent une forme d'un style celte ou gallois) et on peut même trouver des emprunts directs de phonèmes : à partir de noms comme *Eriador*, *Gondor*, *Mordor*, certains ont déduit que l'élément *-dor* signifie « terre, pays », et les pays ayant des noms en *-dor* sont devenus courants dans la fantasy[12]. Des parodies sont même apparues du vivant

12. Voir par exemple la terre dorée d'Elidor d'Alan Gardner. Un comic norvégien de fantasy, *Ridderne av Dor* (« Les Chevaliers de Dor », tourne même le phénomène en ridicule (les pays ont des noms comme *Kondor, Matador ou Glassdor*). Mais l'influence de l'elfique dans l'onomastique fictionnelle s'étend même à la science-fiction : le nom de la planète *Endor* (« Terre du Milieu » en quenya, aussi sous la forme *Endórë*) dans le *Retour du Jedi* n'est sûrement pas une coïncidence, quand on sait que George Lucas, fan de Tolkien, s'est inspiré du *Seigneur des Anneaux* pour faire Star Wars.

de l'auteur, comme *Bored of the Rings* (« Ennuyé des Anneaux »), qui contient des textes en « auld elvish » complètement délirants. Mais les langues inventées du professeur Tolkien ont surtout suscité chez de nombreuses personnes l'envie de les étudier, et cela dès la publication du *Seigneur des Anneaux*. Aujourd'hui, plus de vingt-cinq ans après la disparition de leur créateur, les langues de Tolkien semblent plus vivaces que jamais : des fanzines, des cours et des dictionnaires sont publiés[13], des sites internet entièrement consacrés aux constructions linguistiques de Tolkien voient le jour (certaines mailing lists consacrées à celles-ci possèdent plus de membres que bien des listes généralistes sur Tolkien) et la sortie de l'adaptation cinématographique de Peter Jackson devrait encore augmenter le phénomène. Pourquoi un tel engouement ?

Les raisons sont nombreuses, et le côté ludique n'est sûrement pas étranger à cela : le lecteur se trouve face à une sorte d'énorme puzzle linguistique, un challenge pour trouver la « clé », d'autant plus excitant du fait qu'aucune réelle grammaire écrite par Tolkien n'ait été publiée. Nombreux sont ceux qui apprécient les langues elfiques pour leur beauté, une expérience en euphonie élaborée et réussie. Une certaine forme d'« immersion littéraire » peut aussi être la motivation, ou simplement l'envie d'étudier le processus créatif et les constructions d'un linguiste talentueux. Quoi qu'il en soit, l'étude est indubitablement instructive, puisqu'il est nécessaire de se familiariser avec la terminologie linguistique pour comprendre ou décrire précisément ces langues. Il est même possible que certaines intuitions de Tolkien en tant que linguiste soient renfermées dans ses langues, attendant d'être révélées[14].

Les sources

Pour commencer à étudier l'elfique, il est nécessaire de se familiariser avec le « cœur » de la littérature : *Le Seigneur des Anneaux*, *Le Silmarillion* et *Les Contes et Légendes Inachevés* (*Bilbo le Hobbit* possède très peu de matériel linguistique). Mais la plus importante source d'informations linguistique reste la série *History of Middle Earth* (HoME). À ce jour, seuls les deux premiers des douze volumes de la série ont été publiés en français, sous le titre de *Livre des Contes Perdus* (volume 1 et 2).

D'un point de vu linguistique, les livres les plus importants dans *HoME* sont *The Lost Road* et *The War of the Jewels*. Le premier est absolument indispensable pour l'étude sérieuse des langues de Tolkien, car il reproduit les très importantes *Étymologies*, la principale source de vocabulaire elfique. Le second contient l'essai intitulé *Quendi and Eldar*, qui traite des noms des langues et des peuples et fournit incidemment beaucoup d'indications à propos des langues en question. Les autres livres de *HoME* sont d'un intérêt variable. *Sauron Defeated* donne un compte-rendu exhaustif et détaillé, bien qu'inachevé, de l'adûnaic et contient des inscriptions en *tengwar*

13. Voir *An Introduction to Elvish*, de Jim Allan (Hayes, Bran's Head Books, 1978, 303 p.) et *Les Langues Elfiques, volume 1 : dictionnaire quenya-français-anglais*, d'Edouard J. Kloczko (Toulon, Tamise Productions, 1995, 214 p.).

14. *La Modern Language Association International Bibliography* estima que l'étude de l'elfique était suffisamment sérieuse pour enregistrer sur leur index le fanzine *Vinyar Tengwar* (la lettre de nouvelles de l'*Elvish Linguistic Fellowship*).

(en anglais, sindarin et vieil anglais) et *The King's Letter*, le plus long texte jamais publié en sindarin. *The Peoples of Middle-Earth* donne plus de formes originales westron des noms anglicisés par Tolkien que celles mentionnées dans les appendices du *Seigneur des Anneaux. Le Livre des Contes Perdus* permet d'étudier le « qenya » et le « gnomique », les formes premières des langues qui devinrent le quenya et le sindarin, puisque Christopher Tolkien cite beaucoup de mots des toutes premières listes de mots élaborées par son père, datant parfois de 1915.

Il y a d'autres livres intéressants en dehors de *HoME* : *The Monsters and the Critics* contient *A Secret Vice*, un essai sur les théories de Tolkien à propos de la création de langues, un poème « gnomique » et d'autres en « qenya » primitif, l'un d'entre eux avec sa traduction en quenya moderne fournit l'opportunité unique de comparer les deux versions. *The Road Goes Ever On* contient des versions calligraphiées en *tengwar* des poèmes *Namárië* et *A Elbereth Gilthoniel* avec des traductions en interligne, suivies de notes de Tolkien. Beaucoup d'informations précieuses sont aussi disséminées à travers *The Letters of J.R.R. Tolkien* (par exemple les lettres n° 211, 297 et 347).

Conclusion

Sur la longue route menant du nevbosh au quenya et au sindarin, c'est le travail d'une vie entière qui nous est légué. À mesure que les écrits de Tolkien sont publiés et que notre connaissance de ses langues progresse, il devient possible d'écrire de longs textes en elfique, bien que les fossés soient encore énormes. Des tentatives, en vers ou en prose, ont été publiées au fil des ans et un petit corps de littérature elfique existe aujourd'hui, bien qu'il soit impossible de savoir ce que Tolkien aurait pensé de tels textes. Mais tenter de donner vie à ses langues bien aimées est probablement le plus bel hommage qu'on puisse faire à un homme qui inventa un monde entier juste pour avoir un lieu où les gens se saluaient avec les mots « *Elen síla lúmenn' omentielvo* ».

Les Alphabets

par Sébastien Bertho

Les systèmes d'écriture utilisés dans le *Seigneur des Anneaux* sont évoqués dans l'appendice E (S 1207 sq.), et sont de deux types : les *tengwar* et les runes (ou *cirth*). Ces alphabets sont d'origine elfique, mais ils furent inventés par deux peuplades distinctes[1], en deux lieux fort éloignés, et cela dès le Premier Âge. Ainsi, selon les propres termes de Tolkien, les lettres elfiques ou *tengwar* étaient « un alphabet inventé par les Noldor [...] et cela fut fait bien avant leur départ en Exil », tandis que « ce furent les Sindar, au Beleriand, qui les premiers inventèrent les *cirth* » (S 1207). Mais il existe aussi un autre alphabet que Tolkien inventa et qu'il utilisa même pour rédiger son journal intime (Bio p. 100) : les *sarati*.

Les sarati : les lettres Rúmiliennes

Les *sarati* (« lettres », sing. *sarat*[2]), le premier système d'écriture d'Arda, furent inventés par Rúmil de Tirion, « le premier des sages qui trouva les signes propres à conserver la parole et le chant, les uns pour être gravés dans le métal ou dans la pierre, d'autres pour la plume ou le pinceau » (Silm p. 77). Cet alphabet était en fait « l'élaboration cursive finale des plus anciennes lettres des Noldor en Valinor. Seuls la complétude et l'arrangement du système sont réellement dus à Rúmil » (TI p. 453). Parfois nommées « *tengwar* de Rúmil » ou alphabet de Rúmil, ces « antiques lettres eldarines [...] n'étaient pas en usage en Terre du Milieu » (S 1207) et furent remplacées par les *tengwar* de Fëanor, qui en sont partiellement dérivés (TI p. 453).

L'utilisation de cet alphabet pour le quenya ou d'autre langue d'Aman est inconnue puisque le seul exemple de *sarati* publié à ce jour fut écrit en anglais (*The Túrin Prose Fragment : An Analysis of a Rúmilian Document*, VT n°37). On peut cependant remarquer qu'il s'agit d'une écriture phonographique, puisque chaque *sarat* représente un phonème dans la langue parlée. Le système fut basé sur des théories linguistiques et phonologiques de l'époque de Rúmil : les voyelles n'étaient pas considérées comme des phonèmes à part entière et avaient plutôt la fonction de modificateurs des consonnes (*From Quendi and Eldar*, Appendice D, VT n°39), et seules les consonnes étaient écrites alors que les voyelles étaient exprimées sous forme de signes diacritiques. Le sens d'écriture était vertical, de haut en bas, les colonnes se lisant

1. Concernant l'origine de ces deux systèmes d'écritures, la traduction française est entachée d'une grosse erreur puisque le traducteur a rendu « of Eldarin origin » (« d'origine eldarine », donc elfique au sens large) par « d'origine sindarine » (S 1207).

2. Selon *Quendi and Eldar*, *sarat* est dérivé de la racine *SAR* (« entailler, inciser » > « écrire ») et désigne une « "lettre" ou toute marque individuelle signifiante » (WJ p. 396).

de gauche à droite. Les voyelles étaient ajoutées à côté de chaque consonne, à gauche si la voyelle était prononcée avant le *sarat*, à droite si elle était prononcée après. Les *sarati* furent abondamment révisés par Tolkien et on ignore à quel point le système évolua après 1919, date à laquelle l'unique exemple connu fut écrit.

Les tengwar : les lettres de Fëanor

L'écriture cursive des Elfes, les *tengwar* (sing. *tengwa*) ou *tîw* (les « lettres », en quenya et en sindarin[3]), fut inventée par Fëanor (Silm p. 79). Ces lettres « étaient, pour une large part, une invention nouvelle, bien qu'inspirée par la graphie de Rúmil » (S 1207). Fëanor, esprit fier et indépendant, conçut son alphabet selon ses propres théories : les *tengwar* s'écrivaient horizontalement, de gauche à droite, et il réduisit le nombre d'éléments, produisant un ensemble de caractères plus simples et plus cohérents que les *sarati*, puisque les *tengwar* étaient construits comme un « alphabet phonétique général » (TI p. 453). Puis, avec l'Exil des Noldor, ces caractères furent introduits en Terre du Milieu où les Sindar les adoptèrent, ainsi que les Edain et les Númenoréens, et, au Troisième Âge, ils étaient utilisés dans une région qui était « sensiblement celle où avait cours le Parler Commun » (S 1207).

L'appendice E du *Seigneur des Anneaux* contient une table des principaux *tengwar* et nous apprend qu'il ne s'agit pas vraiment d'un alphabet, mais plutôt d'un « système de signe consonantiques » cohérent pouvant servir à consigner « les consonnes figurant dans les langues rencontrées occasionnellement (ou inventées) par les Eldar » (S 1209). Les lettres n'avaient pas de valeur fixe, celle-ci pouvant changer selon la phonologie de la langue exprimée, mais étaient ordonnées selon un système phonétique logique (S 1209-1210). La graphie même des caractères était basée sur la phonétique : doubler le *lúva* (« corps ») d'une consonne revient à la voiser (1 : t ; 2 : d) alors que dresser le *telco* (« jambage ») la transforme en spirante (1 : t ; 3 : th) (S 1210). Il existait plusieurs « modes » de *tengwar*, et la valeur des caractères pouvait varier selon la langue transcrite ou la région. Ainsi les voyelles pouvaient être représentées soit par des signes diacritiques (*tehtar*), soit par des caractères indépendants. Le sens de lecture pouvait aussi varier : dans le mode accentué du quenya, le *tehta* est placé au-dessus de la lettre précédente alors qu'en sindarin celui-ci est placé au-dessus de la consonne suivante (parce qu'en quenya la majorité des mots finissent par une voyelle, alors qu'en sindarin ils se terminent par une consonne) (S 1211).

Le Seigneur des Anneaux donne deux exemples de *tengwar* fëanoriens. Tout d'abord, les « lignes de feu » apparaissant sur l'Anneau (S 67 ; SdA I ch. II), écrites dans la langue de Mordor mais rédigées dans « un mode antique » des lettres elfiques et dont la traduction est donnée lors du Conseil d'Elrond : « *Ash nazg durbatulûk, ash*

3. Dans *Quendi and Eldar*, *tengwa* désigne à l'origine « la représentation écrite d'un *tengwe* parlé » (WJ p. 396), le sens de *tengwe* dans un cadre linguistique étant « phonème » (VT n°39 p. 17). Mais, dans un cadre non-technique, *tengwa* prit le sens ordinaire de « consonne », puisque seules les consonnes étaient considérées comme des phonèmes à part entière (WJ p. 396).

nazg gimbatul, ash nazg thrakatulûk agh bruzum-ishi krimpatul » (S 282 ; SdA II ch. 2). Le second exemple est l'inscription d'ithildin sur les portes de la Moria, écrite en sindarin et rédigée dans le mode dit « de Beleriand » : « *Ennyn Durin Aran Moria : pedo mellon a minno. Im Narvi hain echant : Celebrimboro o Eregion teithant i thiw hin.* » (S 336 ; SdA II ch. 4). L'examen de ces deux exemples révèle de grandes différences entre les deux modes utilisés. Le « mode antique » de l'inscription de l'Anneau exprime les voyelles sous forme de *tehtar* alors qu'elles sont rendues par des caractères indépendants dans le mode de Beleriand. On peut aussi remarquer que la plupart des caractères ont des valeurs différentes : la lettre *númen* (5) qui représente *n* dans la première inscription transcrit *nn* dans la deuxième.

Les cirth : les runes de Daeron

L'œuvre de Tolkien nous fournit deux principaux exemples de runes : la carte de Thror dans *Bilbo le Hobbit* et la tombe de Balin dans le *Seigneur des Anneaux*[4].

La carte de Thror, réalisée avec une grande minutie, contient deux inscriptions runiques qui contribuèrent au succès du *Hobbit*, tout particulièrement auprès du jeune public (L p. 27). La première, située à gauche de la carte et pointée par un doigt tendu, révèle l'existence d'un passage secret pour entrer dans la caverne de Smaug, mais, malheureusement pour le lecteur français, le texte est en anglais : « Five feet high the door, and three may walk abreast » (« La porte fait cinq pieds de haut, et trois peuvent passer de front », *Le Hobbit* ch. 1). C'est Elrond le demi-Elfe qui découvre la deuxième inscription en « lettres lunaires », située au centre de la carte et rédigée elle aussi en anglais. Le lecteur anglophone peut alors tenter de déchiffrer ces runes, ce qui n'est pas possible pour le lecteur français puisque l'éditeur n'a pas jugé bon de les traduire. Mais l'alphabet utilisé pour les inscriptions du *Hobbit* n'est pas une réelle invention de Tolkien puisqu'il s'agit d'une variante de l'écriture runique des peuplades germaniques, l'alphabet *futhark* (*Edda* p. 618 sq.)[5]. Par la suite, il s'inspira du *futhark* pour créer son propre système de runes adapté aux langues elfiques : les *cirth*. Un exemple de celui-ci apparaît dans l'inscription de la tombe de Balin dans le *Seigneur des Anneaux* (S 351 ; SdA II ch. 4) : trois lignes en khuzdul et une ligne en anglais, dont la traduction est « Balin fils de Fundin, seigneur de la Moria » (la transcription littérale est « Balin Fundinul, uzbad Khazad-Dûmu ; Balin son of Fundin, lord of Moria »).

Les *cirth* (sindarin, sing. *certh*) ou *certar* (quenya), traduits par le nom d'origine germanique « runes », furent inventés en Beleriand par l'Elfe gris Daeron, le ménestrel du roi Thingol de Doriath (Silm p. 120). Ces lettres anguleuses étaient destinées « aux inscriptions gravées ou incisées », sur le bois ou sur la pierre, d'où leur ressemblance avec l'alphabet futhark. Mais

4. D'autres exemples de runes apparaissent dans les Lettres : dans la lettre n°112, la réponse de Tolkien est rédigée dans le même alphabet que dans *le Hobbit* (L p. 124) et, dans la lettre n°118, dans une variante de celui du *Seigneur des Anneaux* (L p. 132).

5. Il s'agit de l'alphabet *futhorc* à 31 signes, une variante anglo-saxonne tardive du *futhark* utilisée entre le VIe et le XIe siècle.

bien que leur apparence rappelle les véritables runes nordiques, la valeur affectée aux caractères est très différente (Tolkien inventa même de nouveau caractères) et les *cirth* se révèlent être organisés de façon plus rigoureuse (S 1213-1217). À l'instar des *tengwar*, leur graphie est en relation avec leur valeur phonétique : ajouter un jambage à une occlusive a pour effet de la voiser (1 : p, 2 : b) et l'inverser la transforme en fricative (3 : f, 4 : v) (S 1216). Mais la cohabitation au sein de son monde de deux alphabets runiques différents, l'un historique et l'autre inventé, posa sûrement un problème de cohérence à Tolkien. Celui-ci contourna le problème puisqu'il établit que les caractères originaux gagnèrent rapidement l'est de la Terre du Milieu et furent adoptés par les Hommes, les Nains et même les Orcs (chaque peuple les modifiant selon ses besoins), alors qu'en Beleriand ils continuèrent à se développer et subirent l'influence des *tengwar* des Noldor, donnant l'Alphabet de Daeron, plus riche et mieux ordonné, aussi nommé *angerthas* (« longue liste de runes »). La plupart des Elfes abandonnèrent l'usage des runes au profit des *tengwar* de Fëanor, sauf en Eregion où l'Alphabet de Daeron fut adopté par les Nains de la Moria qui s'approprièrent ce mode et le répandirent dans le Nord. Ils les modifièrent pour transcrire leur propre langue et ils en développèrent même une forme destinée à l'écriture à la plume[6].

Références Bibliographiques :

AI : W.G. HAMMOND et C. SCULL, J.R.R. Tolkien, artiste et illustrateur, Paris, Christian Bourgois, 1996, 205 p.
Bio : H. CARPENTER, J.R.R. Tolkien, une Biographie, Paris, Pocket (Christian Bourgois, 1980), 1992, 315 p.
C : J. PEARCE, Tolkien : A Celebration, Londres, Fount, 1999, xii, 204 p.
CLI : J.R.R. TOLKIEN, Contes et Légendes inachevées, éd. de Ch. Tolkien, Paris, Pocket (Christian Bourgois, 1982), 1982-1989, 3 v. (CLI 1 à CLI 3)
Edda : L'Edda Poétique, présentée et annotée par Régis Boyer, Paris, Fayard, 1992, 685 p.
F : J.R.R. TOLKIEN, Faëries, Paris, Pocket (Christian Bourgois, 1974), 1992, 217 p.
L : J.R.R. TOLKIEN, The Letters of J.R.R. Tolkien, éd. de H. Carpenter, Londres, Allen & Unwin (HarperCollins, 1999), 1981
LCP I : J.R.R. TOLKIEN, Le Livre des Contes perdus I, éd. de Ch. Tolkien, Paris, Christian Bourgois (repris chez Pocket), 1995, 362 p.
LCP II : J.R.R. TOLKIEN, Le Livre des Contes perdus II, éd. de Ch. Tolkien, Paris, Christian Bourgois (repris chez Pocket), 1998, 447 p.
LoR : J.R.R. TOLKIEN, The Lord of the Rings (2e éd., 1966), Londres, Allen & Unwin, 1983 (éd. originale, 1954-1955), 1193 p.
LR : J.R.R. TOLKIEN, The Lost Road and Other Writings : Language and Legends Before The Lord of the Rings, éd. de Ch. Tolkien, Londres, Unwin Paperbacks (Hyman, 1987), 1989, 464 p.
MC : J.R.R. TOLKIEN, The Monsters and the Critics and Other Essays, éd. de Ch. Tolkien, Londres, Allen & Unwin, 1983 (HarperCollins, 1997), 240 p.
MR : J.R.R. TOLKIEN, Morgoth's Ring : The Later Silmarillion, part I ; The Legends of Aman, éd. de Ch. Tolkien, Londres, HarperCollins, 1993, x, 471 p.
PE : C. GILSON, éd., Parma Eldalamberon, Walnut Creek (USA)
PME : J.R.R. TOLKIEN, The Peoples of Middle-Earth, éd. de Ch. Tolkien, Londres, HarperCollins, 1996, xiii, 482 p.
Rivages : V. FERRE, Tolkien : Sur les Rivages de laTerre du Milieu, Paris, Christian Bourgois, 2001, 358 p.
S : J.R.R. TOLKIEN, Le Seigneur des Anneaux, Paris, Christian Bourgois, 1995 (éd. originale : 1972, 3 v., repris chez Pocket), 1 v., 1278 p.
SD : J.R.R. TOLKIEN, Sauron Defeated : the End of the Third Age (The History of the Lord of the Rings, part IV ; The Notion Club Papers and The Drowning of Anadûnê), éd. de Ch. Tolkien, Londres, HarperCollins, 1992, xiii, 482 p.
SdA : J.R.R. TOLKIEN, Le Seigneur des Anneaux, Paris, Pocket, 3 v.
Silm : J.R.R. TOLKIEN, Le Silmarillion, éd. de Ch. Tolkien, Paris, Pocket (Christian Bourgois, 1978), 1984, 366 p.
TI : J.R.R. TOLKIEN, The Treason of Isengard (The History of the Lord of the Rings, part II), éd.de Ch. Tolkien, Unwin Hyman, 1989, vi, 504 p.
VT : C.F. HOSTETTER, éd., Vinyar Tengwar, the journal of the Elvish Linguistic Fellowship, Crofton (USA)
WJ : J.R.R. TOLKIEN, The War of the Jewels, éd. de Ch. Tolkien, Londres, HarperCollins, 1994, xiv, 470 p.

6. La forme cursive de l'écriture runique fut d'ailleurs ébauchée par Tolkien (TI p. 462-463).

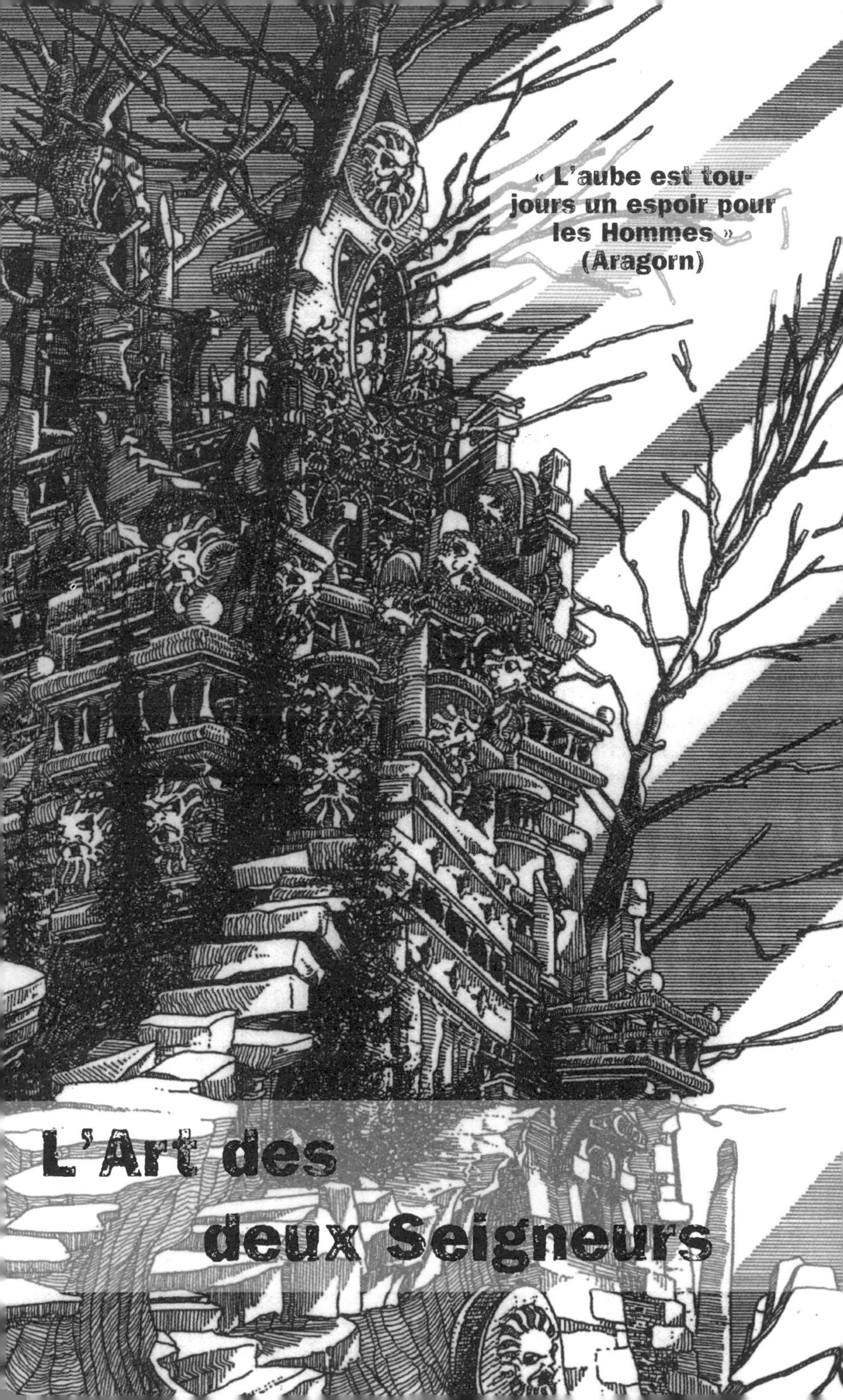

« L'aube est toujours un espoir pour les Hommes »
(Aragorn)

L'Art des deux Seigneurs

John Howe
Ted Nasmith

par Mathías Daval

Interviews réalisées en novembre 2001

Comment avez-vous découvert Tolkien ?

John Howe : À la bibliothèque municipale, vers l'âge de douze ans, je crois. Le deuxième tome du *Seigneur des Anneaux*, d'abord, parce que le premier était constamment emprunté – par les gens qui calaient dans les cent cinquante premières pages, sans jamais aller plus loin. Donc j'ai lu *Les Deux Tours* et *Le Retour du Roi*, et ensuite *La Communauté de l'Anneau* à la fin. J'admets que c'était idiot.

Ted Nasmith : J'ai commencé par une carrière de dessinateur en architecture, tout en travaillant sur plusieurs projets d'illustration. C'est ma sœur aînée qui m'avait suggéré de lire le *Seigneur des Anneaux*, alors que j'avais quinze ans, en 1970, mais ce que je dessinais à l'époque sur le monde de Tolkien n'était qu'une simple distraction.

Et comment en êtes-vous venu à illustrer l'œuvre de Tolkien ?

Rivendell par Ted Nasmith

Sam & Shelob par John Howe

JH : Il n'était jamais question dans mon esprit de ne pas illustrer Tolkien un jour, ne serait-ce que pour mon propre plaisir. J'ai eu un parcours on ne peut plus classique – lycée, collège, école d'art, puis boulots divers en tant qu'illustrateur indépendant. Boulots divers qui continuent, d'ailleurs, je ne dessine pas que des sujets tirés de l'œuvre de J.R.R. Tolkien.

Quelles étaient les éventuelles difficultés pour effectuer ce travail ?

JH : Dessiner Tolkien est à la fois facile et impossible. C'est presque un travail documentaire, ou d'archéologue. Je vois très nettement ce que je veux faire, à quoi je désire que les personnages et les lieux ressemblent, à l'inverse de beaucoup d'autres auteurs, pour qui il y a plus de décisions à prendre au niveau du croquis. Reste à les rendre comme je veux, ce qui est autrement plus difficile !

TN : À la fin des années 1970, j'envoyais de temps en temps des échantillons de mes œuvres aux éditeurs

A hobbit dwelling par John Howe

anglais et américains de Tolkien, mais j'ai dû attendre le milieu des années 1980 avant de recevoir une réponse favorable, venant de Grande-Bretagne. Un peu plus tard dans l'année, j'ai rencontré un représentant de George Allen & Unwin à Ottawa (Canada), pendant la *World Fantasy Convention*, et je lui ai montré les originaux de mes peintures. Quelques mois après, on m'a annoncé que quatre de mes peintures allaient être incluses dans le *calendrier Tolkien 1987*.

Est-ce difficile que d'illustrer l'œuvre de Tolkien ? Utilisez-vous des techniques particulières ?

JH: Techniquement, encre, aquarelle et un peu de tout. Je relis assez peu les textes finalement. Lire vraiment attentivement prend énormément de temps, et je ne cherche pas à mémoriser *Le Seigneur des Anneaux* ! Heureusement, j'ai un grand nombre d'amis bien plus experts que moi à qui je peux demander des renseignements.

The Prancing Poney par Ted Nasmith

TN: J'ai toujours essayé de représenter le plus fidèlement possible les paysages et les personnages de Tolkien. Il fallait essayer de laisser entrevoir les différentes atmosphères et les sentiments qu'une scène suscite dans notre imagination. Il est essentiel pour moi d'incorporer le plus possible de détails décrits par Tolkien, même si je ressens parfois l'envie d'« outrepasser » l'auteur. Je crois que tout bon illustrateur doit savoir quand ne pas le faire.

Il serait laborieux ici d'entrer dans le détail de mes techniques artistiques, mais on peut dire que j'essaye de produire une sorte de fusion entre un réalisme et une douceur qui ressemblent à la peinture à l'huile. En fait, j'utilise de la gouache, un moyen qui convient bien à la précision de mes peintures, avec des esquisses au crayon. Je relis systématiquement le texte de la scène que je vais illustrer afin d'être précis sur les détails et d'en avoir une impression la plus fraîche possible.

Considérez-vous qu'il y a un message à retenir de l'œuvre de Tolkien ?

JH: Il serait faux de réduire Tolkien à un compositeur d'allégories ou à un porteur de messages édifiants. Ce qui touche les gens chez Tolkien est la dimension mythique et mythologique, au même titre que les grands thèmes mythologiques nous touchent (ou pas du tout, selon les cas...). Bien sûr, les « messages » à retenir sont légion, et la philosophie derrière son œuvre est très actuelle. Visuellement, la Terre du Milieu est fantastique, c'est ce qui m'a plu au départ.

Quelle est votre illustration favorite parmi celles que vous avez réa-

lisées ? Avez-vous un personnage préféré ?

TN : Il y a plusieurs passages que j'aime tout particulièrement : le voyage vers les limites de la Comté au début du *Seigneur des Anneaux* est magnifique, tout autant que la traversée de la Vieille Forêt, et la route de Bree à Rivendell. Je crois que les scènes extraites de ces différentes parties du livre sont celles qui me touchent le plus. Mes personnages préférés sont Sam, Frodo, Gandalf, mais aussi Gollum, Boromir et Galadriel. Et je rajouterai également Luthien et Túrin du *Silmarillion*.

JH : Disons que celui qui me plaît encore le plus est le *Gandalf*. Je n'y changerai pas grand-chose, si ce n'est sa main. Malheureusement, le dessin fait partie d'un certain nombre de dessins volés il y a quelques années. Je ne l'ai jamais revu. Je n'ai pas de personnage préféré, cela dit ; il y a les personnages et les scènes qui plaisent à l'illustrateur, parce que gratifiants à dessiner, et les autres qui plaisent au lecteur que je suis aussi. Les deux listes ne sont pas vraiment semblables.

Que pensez-vous des futurs films de Peter Jackson ?

TN : Je suis raisonnablement optimiste à ce sujet. La plupart des informations disponibles sont plutôt encourageantes dans l'ensemble, mais je crois qu'on sera inévitablement déçu, d'une manière ou d'une autre. Le point sensible sera de savoir de quelle manière Jackson va concevoir des scènes réécrites par rapport au livre, ou des changements dans le scénario et les personnages opérés par ses soins ou ceux des producteurs.

À part Tolkien, sur quoi travaillez-vous ? Quels sont vos projets pour les années à venir ?

JH : Les illustrations sur Tolkien ne sont qu'une petite partie de mon travail, quoique très à la mode en ce moment. Sinon, des livres illustrés, beaucoup de couvertures de romans fantastiques, et pas mal de choses en dehors du dessin.

TN : Je ne travaille pas vraiment sur des projets qui ne soient pas liés à Tolkien, ou alors très occasionnellement. Cette année j'ai réalisé six ou sept illustrations, dont deux ou trois dessins d'architecture, à côté de mon travail sur le calendrier des *Deux Tours* (2003), et du jeu de plateau *Le Hobbit*. L'année prochaine, je vais illustrer le dernier des trois calendriers du *Seigneur des Anneaux* (*Le Retour du Roi*, 2004), mais je n'ai pas encore de projet vraiment défini après cela, si ce n'est de nombreux travaux inachevés, notamment concernant le *Silmarillion*. Il y aura peut-être une anthologie de mon art sur Tolkien qui sera publiée au cours des deux années à venir, mais je continuerai de toute façon à peindre les scènes que j'aime le plus, qu'on me paye ou non pour faire cela.

Finalement, qu'est-ce que qui vous séduit, en tant qu'artiste, dans l'œuvre de Tolkien ?

TN : Sans doute l'extraordinaire profondeur et réalisme de la Terre du Milieu. Il n'y a quasiment pas de limite à l'inspiration artistique que ce monde imaginaire peut susciter. Quant au message délivré par l'œuvre de Tolkien, il y en a plusieurs. Peut-être qu'en fin de compte son œuvre est un vaste Don au monde, un fabuleux travail d'amour qui représente un peu l'Amour Divin, quel que soit le sens qu'on veut bien y mettre.

Les Anneaux du Cinéma

« C'est le boulot qu'on ne commence jamais qui est le plus long à terminer »
(Sam)

Avant Jackson...

Tolkien au petit et grand écran

par David Beauvineau

Adapter Tolkien à l'écran ? L'idée n'est pas nouvelle, loin de là. Déjà, en 1957, des producteurs américains approchèrent le Professeur pour lui présenter dessins et synopsis en vue d'une version animée du *Seigneur des Anneaux*. D'après Humphrey Carpenter (*Tolkien, A Biography*), le scénario proposé traitait le roman avec beaucoup de légèreté : les noms des personnages étaient écorchés, la Compagnie de l'Anneau semblait ne se déplacer qu'à dos d'aigle... La position de Tolkien et de Stanley Unwin, son éditeur, était sur ce point fort claire : le respect de l'œuvre originelle s'avérait pour eux primordial, à moins que de solides garanties financières ne fussent offertes ! Les discussions s'arrêtèrent donc là. Reste que l'on aimerait bien savoir à quoi ressemblaient les dessins de production montrés à Tolkien...

D'autres tentatives d'adaptations cinématographiques du *Seigneur des Anneaux* furent lancées à la suite de ce malheureux projet – Stanley Kubrick et John Boorman se penchèrent paraît-il un temps sur la question –, sans résultats... jusqu'à 1978 (soit cinq ans après la mort de Tolkien), année de la sortie du *Lord of the Rings* de Ralph Bakshi.

Bakshi avait auparavant réalisé plusieurs dessins animés « pour adultes », notamment *Fritz the Cat* (1972, d'après une bande dessinée de Robert Crumb – évocation paillarde et animalière de la vie des *freaks* newyorkais dans les années 60), *Coonskin* (1975, traitant du crime organisé dans les quartiers Noirs – un thème dont la teneur polémique valut d'ailleurs à *Coonskin* bien des problèmes de distribution) et, infiniment plus intéressant, *Les Sorciers de la Guerre* (1977) ; sans doute encore aujourd'hui son meilleur film, œuvre majeure contant la lutte qui oppose le sinistre Blackwolf, maître des Démons et des Mutants, à son frère Avatar, gnome magicien protecteur des peuples de Faerie... Notons que Bakshi reviendra à la Fantasy en 1982 avec le fort sympathique *Tygra, la Glace et le Feu*, inspiré des illustrations de Frank Frazetta.

Le principal problème posé par sa version du *Seigneur des Anneaux* vient de l'usage certainement abusif que fait Bakshi du Rotoscope, un procédé consistant à filmer des acteurs réels en situation (la bataille du Gouffre de Helm qui clôt le film fut ainsi tournée en Espagne avec la participation de très nombreux figurants), puis de retoucher la pellicule imprimée afin d'ajouter de la couleur ou des éléments de détail (comme des cheveux flottant au vent, par exemple) à l'image – une technique qui avait été utilisée de façon novatrice, et avec bien plus de discernement, dans *Les Sorciers de la Guerre*. Trop de figurants (habitués de l'Auberge du Poney Fringant, cavaliers de Rohan, Orcs) donnent ici l'impression d'avoir subi un « peinturlurage » sauvage et grossier pour que la fusion avec les personnages pleinement dessinés soit élégamment homogène.

Il faut également reconnaître que pour un spectateur ignorant tout du roman, le film est à la limite du compréhensible, en raison d'un scénario (pourtant coécrit par Peter S. Beagle) assez lâche, trouvant mal son équilibre entre nécessaire simplification et scrupuleuse fidélité. Peut-être que si les studios responsables du projet avaient au préalable plus nettement défini leurs objectifs (Bakshi lui-même ignorait s'il y aurait une suite), ce *Seigneur-là* n'aurait pas laissé un si désagréable sentiment de bâclage...

Pourtant, malgré ses approximations (Boromir, en Viking d'opérette), ses scènes franchement ratées (la Lórien, le conseil d'Elrond), le film offre çà et là des moments de pur bonheur : l'impressionnante attaque des Nazgûls à Bree (où ils tailladent les lits des Hobbits avec une santé faisant plaisir à voir !), la poursuite de Frodon jusqu'au Gué de Fondcombe, l'apparition du Balrog, la mort de Boromir,... Servis par la musique tourmentée de Leonard Rosenman, mis en valeur par des décors mystérieux à souhait (ce sont eux – et non les dialogues – qui donnent à la Terre du Milieu dépeinte par Bakshi sa réelle patine « historique »), ces morceaux de bravoure font amèrement regretter que le réalisateur ait, bien malgré lui, laissé son film orphelin. En dépit du grand succès rencontré aux USA (succès qui donna même lieu à une vague de *merchandising* !), son *Seigneur des Anneaux* demeura sans suite, abandonnant Sam et Frodon au cœur de Mordor.

Heureusement, d'autres vinrent alors à leur secours.

Jules Bass et Arthur Rankin Jr. Sont deux producteurs/réalisateurs de dessins animés très connus aux États-Unis. En 1982, ils transposèrent ainsi au grand écran, et de fort jolie façon, *La Dernière Licorne* de Peter S. Beagle (encore lui !). Mais avant cela, ils offrirent à la télévision américaine la toute première adaptation d'une œuvre de Tolkien.

The Hobbit (1977) suit plutôt fidèlement la structure du roman dont il s'inspire, procédant néanmoins à quelques coupes afin de présenter en un peu plus d'une heure quinze un récit accessible et clair, facilement assimilable pour le jeune public. Sont ainsi sacrifiés Beorn, l'Arkenstone et les manigances du Maître d'Esgaroth... Il est en fait dommage que ce téléfilm soit si court : même si l'on peut admettre le bien-fondé du « tri » effectué par Romeo Muller (le scénariste), certains passages souffrent d'un traitement trop rapide – l'errance de Bilbo et des Nains dans Mirkwood, en particulier. Peu réussie également, la très brève séquence au palais de Thranduil... et signalons à ce propos le sort peu gracieux infligé aux Elfes par les *character designers* : imaginez des nabots rachitiques aux longues pattes maigres, affublés de feuilles sur la tête et dont le visage vaguement simiesque arbore sans complexe un sourire vicieux ne donnant guère envie de se promener seul dans leurs bois, dites donc ! À côté d'eux, Trolls et Gobelins font assez débonnaires ! Par contre, Gollum – croisement entre un poisson aux yeux glauques et une grenouille géante – est fidèle à lui-même : grotesque, pathétique, inquiétant, fourbe, répugnant et pitoyable ; rien à dire, c'est bien Gollum. Quant à Bilbo, il parvient à éviter de justesse un physique trop enfantin...

The Hobbit se termine très intelligemment sur la vision de l'Anneau posé en souvenir sur la cheminée de Bilbo, faisant ainsi le lien avec *The Return of the King* (1979), toujours du duo Rankin et Bass. Ce second téléfilm animé ne reprend pas exactement l'histoire là où Bakshi l'avait arrêtée. Ici, Frodon a déjà été capturé par les Orcs et Minas Tirith subit les assauts des troupes de Sauron... Si, dans l'ensemble, le scénario de ce *The Return of the King* (là encore, signé Romeo Muller) apparaît comme plus compact et réfléchi que celui du *Seigneur des Anneaux* (le récit est un long retour en arrière, conté par Gandalf lors du cent neuvième anniversaire de Bilbo), il prend sans doute trop de libertés par rapport au roman – la clarté narrative serait-elle à ce prix ? Arwen, Galadriel, Legolas, Gimli, Faramir et Saroumane, ainsi que l'amour d'Eowyn (svelte et blonde, comme il se doit) pour Aragorn (barbu et ombrageux !) et le retour des Hobbits dans leur pays disparaissent donc à leur tour de l'intrigue... Mais c'est après tout un choix, et il faut féliciter Rankin et Bass d'avoir su s'en tenir aux buts fixés, livrant ainsi plus d'une heure et demie d'aventure non dénuée de mélancolie (le triste sourire de Frodon...), soutenue par une animation plaisante et cohérente (même si ni *The Return of the King*, ni

The Hobbit ne peuvent – dans le domaine de la pure technique – se comparer aux meilleurs moments du film de Bakshi).

Il faudra attendre 1991 pour qu'une nouvelle adaptation de Tolkien voit le jour… de façon quelque peu inattendue… *Hobitit* est en effet une série télévisée finlandaise, divisée en neuf épisodes de vingt-cinq minutes… Entièrement tournée en studio, dans des décors très soignés (lesquels se superposent à de somptueuses prises de vue réelles, ciels crépusculaires ou forêts ténébreuses – c'est beau, la Finlande !), la série a pour narrateur un Sam devenu bien vieux, racontant à un parterre de petits Hobbits la douloureuse quête de Frodon, sans en omettre finalement grand-chose. C'est certainement l'un des points forts de *Hobitit* : en dépit des simplifications et des raccourcis fulgurants, l'histoire est pour une fois complète, avec son début et sa fin. Et tant pis si plusieurs événements (le siège de Minas Tirith ou le couronnement d'Aragorn, par exemple) ont lieu « hors champ » ou si l'ensemble prend parfois des allures de conte noir nordique, avec hurlements des loups et gémissement du vent en fond sonore… L'essentiel du récit est là, donnant aux acteurs (autre point fort de cette série) l'occasion de se livrer à des compositions limite outrancières, mais vraiment étonnantes ; citons en particulier Heidi Krohn (Galadriel – dont le visage apparaît en surimpression dans les bois de Lórien, tandis que résonnent l'écho des rires et des pleurs d'invisibles jeunes filles !), Taneli Mäkelä (Frodon), Vesa Vierikko (Gandalf) et Kari Väänänen (dans le double rôle de Grands-Pas – Pardon : Konkari ! – et Gollum – non : Klonkku !). Ils contribuent à faire de *Hobitit* davantage qu'une simple curiosité… Reste *la* question : pourquoi diable avoir donné à Boromir – ce mal-aimé – l'improbable apparence d'un barbare de la Toundra exhibant fièrement un katana carrément hors sujet ? Certains ont de ces idées…

Le mois de décembre approche, avec son cortège d'attentes, de craintes et d'interrogations… Peter Jackson saura-t-il se montrer à la hauteur de ses ambitions ? Il n'y a franchement aucune raison d'en douter. Espérons simplement que le probable succès de sa trilogie cinématographique n'entraîne pas une « commercialisation » forcenée de la Fantasy épique à l'écran. Mais c'est là une tout autre histoire…

Peter Jackson

par Jean-Paul Gourdant

Peter Jackson n'est pas un réalisateur comme les autres. Venu de Nouvelle-Zélande, il a réussi à se faire une place parmi les grands d'Hollywood, et nul doute que si son pari du *Seigneur des Anneaux* est réussi, il s'assurera un crédit lui permettant de monter n'importe quel projet.

Peter Jackson est né en 1961, le jour d'Halloween, ce qui a dû influencer son goût pour le morbide. Au lieu de jouer avec d'autres gamins de son âge, il s'amuse à filmer ses jouets avec la caméra Super 8 de ses parents. C'est un passionné de cinéma, très influencé par une branche plutôt violente du Septième Art, avec des titres phares comme « Massacre à la tronçonneuse » ou « Evil Dead ».

À 17 ans, il décide de tenter sa chance dans le métier, et il passe par de nombreux petits boulots pour des boîtes de production néo-zélandaises. Sans parvenir hélas à percer dans le cinéma proprement dit... Il devient alors apprenti en photogravure. Avec ses maigres économies, il initie malgré tout le projet de « Bad Taste », dans un genre qu'il admire : la comédie gore. Débuté en 1983, tourné en 16 mm avec la participation de nombreux membres de l'équipe (dont lui) à la fois derrière et devant la caméra, « Bad Taste » aboutit trois ans plus tard à un long-métrage de 70 minutes, que la New Zealand Film Commission se décide finalement à sponsoriser. C'est grâce à ce film, qui fera le tour du monde et sera diffusé dans plusieurs festivals, que Peter Jackson se fait connaître.

Il peut donc enchaîner avec trois petits films plutôt bizarres. « Man and the Famous », réalisé dans de meilleures conditions financières, n'obtient pas un grand succès. Par contre, « Braindead » également nommé « Dead Alive », fait parler de lui pour ses scènes gores, avec son histoire de singe et de zombies. Sa diffusion sur des chaînes télévisées est en général amputée d'une vingtaine de minutes, pour ne pas choquer les bonnes consciences. Dans la foulée, il tourne un autre film très peu diffusé, « Valley of the Stereo », sur un hard-rockeur qui préférerait tuer plutôt que de baisser le volume !

La transition vers des films plus grand public a lieu en 1994, avec « Heavenly Creatures / Créatures Célestes ». Tiré d'un sordide fait divers néo-zélandais, il raconte l'histoire, dans les années cinquante, de deux jeunes filles tranquilles liées d'une amitié les poussant au meurtre afin d'espérer conserver leur proximité. Avec ce superbe film, qui marque les débuts de Kate Winslet, Peter Jackson parvient à changer de style, tout en maintenant son amour des effets spéciaux. À noter les passages surréalistes qui dépeignent l'univers virtuel dans lequel les deux jeunes filles se réfugient, et qui font appel à de jolies

« Certaines choses sont mauvaises à entendre quand le monde est dans les ténèbres »
(Tom Bombadil)

techniques de morphing, peu usité à l'époque. « Heavenly Creatures » est avec raison acclamé par la critique, et il finit par être diffusé dans le monde entier.

En France, il arrive presque en même temps qu'un film tout à fait différent mais tourné un an plus tard, « The Frighteners/Fantômes contre fantômes ». Ce film marque une nouvelle évolution, mais en même temps, on y retrouve des thèmes chers à Peter Jackson. Tout d'abord, il s'agit d'un film de studio hollywoodien. Mais quand on sait que derrière la production se trouve Robert Zemekis, connu pour « Tales from the Crypt / Les contes de la crypte », on comprend comment les deux hommes ont pu s'accorder. De plus, ce film met en scène, dans le rôle principal, Michael J. Fox, qui fût le héros d'un autre classique du cinéma fantastique, la série des « Back to the Future / Retour vers le Futur ». Bourré d'humour et d'effets spéciaux, « The Frighteners » est un hymne au cinéma classique d'épouvante, avec des scènes très efficaces et quelques références cinéphiliques (comme l'apparition fantomatique de l'instructeur sadique du « Full Metal Jacket » de Kubrick). Ce film connaît un succès critique et public. Pour le studio Universal, c'est aussi une réussite financière : Peter Jackson les a convaincus de filmer en Nouvelle-Zélande, pour profiter de prix de production bien moindre (et le paysage choisi pour le film ressemble pleinement à celui de la Nouvelle-Angleterre...).

Avant « Heavenly Creatures », Peter Jackson a réalisé un autre film, mais il faut attendre 1999 pour le voir en France (dans un nombre ridicule de copies). « Forgotten Silver », tourné en noir et blanc à la manière d'un documentaire sur un légendaire réalisateur néo-zélandais du début du siècle. L'illusion était tellement parfaite qu'une partie des médias de son pays a cru que l'histoire était exacte, ce que Jackson n'a pas immédiatement démenti !

Peter Jackson se lance alors dans un nouveau projet sur le thème du fantastique : King Kong. Mais ce plan capote.

C'est alors qu'on vient lui proposer ce dont tous les amateurs de fantasy peuvent rêver : adapter au cinéma avec des moyens conséquents le classique des classiques, l'ouvrage qui a fait entrer tant de gens dans les Terres du Milieu et les univers voisins, la célèbrissime trilogie « *Lord of the Rings* / Le *Seigneur des Anneaux* ». Il convainc à nouveau le studio d'aller tourner en Nouvelle-Zélande, pour profiter des paysages vierges et variés offerts par l'île. Il obtient également un budget pour réaliser à la suite trois longs-métrages, conformément au découpage des ouvrages, pour un coût d'environ 100 M$ par film (ce qui au total, dépasse même le budget de *Titanic*). Pour les nombreux effets spéciaux, il fait à nouveau appel à WETA, la société avec laquelle il a travaillé sur « The Frighteners ». Côté acteurs, il obtient quelques pointures, comme les deux Sirs : Ian McKellen (Gandalf) et Ian Holm (Bilbo) ; Liv Tyler (Arwen), Viggo Mortensen (Aragorn), ou Christopher Lee (Saruman). Les autres rôles sont donnés à des acteurs moins connus, dont le rôle principal de Frodo qui échoit à Elijah Wood.

Reste seulement à préciser que Peter Jackson est le co-auteur des scénarios, ce qui semble être un gage de qualité. Vivement la sortie des trois films.

Le Seigneur des Anneaux

26 minutes...

par Guybrush

3 Juillet, 10h30. Les touristes n'ont pas encore envahi la place de Leicester Square, le lieu de rendez-vous des cinéphiles londoniens. Pourtant, s'ils savaient ce qui se trame derrière les portes de l'Odeon, ils seraient nombreux à attendre, comme moi, aux portes du cinéma.

Dans une heure, vingt-six minutes du *Seigneur des Anneaux* seront projetées à un public de partenaires triés sur le volet. Le tournage, titanesque, suscite évidemment des attentes immenses, mais les premières réactions des journalistes à Cannes sont enthousiastes. Depuis l'annonce de la préparation du film, les sites de fans tels theonering.net ont réussi à dénicher de nombreuses images et informations, mais en dehors des bandes-annonces et de la présentation à Cannes, personne n'a pu voir le film.

Enfin, l'attente se termine et une rangée d'hôtesses nous invite à décliner notre identité pour la comparer à leurs listes. Un premier barrage de sécurité franchi, une rangée de marches, et une nouvelle haie de gardes : pour montrer patte blanche, il faudra déposer son sac et tous ses objets au vestiaire. Dernière étape, le passage par un détecteur de métaux ! New Line ne plaisante pas avec la sécurité du film…

Un bref discours du directeur du cinéma nous informe que nous allons voir quinze minutes « finalisées » du film, la séquence de la Moria, précédées d'un montage temporaire de la Comté et suivies d'un florilège de séquences des deuxième et troisième films. Les lumières s'éteignent…

La caméra nous dévoile Gandalf, aux rênes d'un petit attelage, qui conduit Peter Jackson sur une route de la Comté, pour une petite introduction. Puis les séquences s'enchaînent, comme dans un rêve : l'arrivée de Gandalf dans la Comté, plus vraie que nature, l'auberge du Poney Fringant, le Conseil d'Elrond... L'attention portée aux détails est impressionnante – on peut ainsi découvrir sur le bureau de Bilbo la carte de ses aventures, au milieu d'un fatras de lettres et de papiers. C'est la séquence de la Moria, mémorable, qui me marquera le plus. La Compagnie de l'Anneau s'engouffre sous des arches gigantesques, découvrant un lieu visiblement magnifique jadis, mais aujourd'hui lugubre et abandonné. Des squelettes nains et des parchemins couverts de runes jonchent le tombeau de Balin. Lorsque les roulements de tambour commencent à résonner dans la Moria, et que le feu du Balrog illumine les couloirs avoisinants, nous ne sommes plus dans un film : nous sommes en Terre du Milieu, dans un lieu terrifiant habité par des créatures plus vieilles que l'humanité. Les couloirs et les escaliers sans fin de la Moria évoquent les architectures dédaléennes d'Escher Quant à la mise en scène de Peter Jackson, extrêmement dynamique, elle montre des orcs qui grouillent littéralement, assaillant la Compagnie de toutes parts, tels des insectes. Mais ce qui impressionne le plus, c'est sans doute l'excellent travail des acteurs. Lorsque Gandalf, les traits tirés, s'interpose entre le Balrog et la Compagnie, on lit la mort dans ses yeux – c'est un vieil homme fatigué qui fait appel à ses dernières ressources pour sauver le porteur de l'anneau.

Lorsque la projection se termine, sur des images de Frodon dans la Montagne du Destin, j'ai les larmes aux yeux. Impossible de juger le film d'après un extrait, surtout lorsque la majeure partie est composée de scènes d'actions, mais les images que nous avons vues resteront longtemps dans nos têtes. Le plus difficile va sans doute être de ne pas se monter la tête – crier au chef d'œuvre exposerait sans doute à des déceptions. Après tout, vingt minutes bien montées de l'Episode I, incluant le duel contre Darth Maul, pourraient laisser une excellente impression. Une chose est sûre, toutefois : visuellement, Peter Jackson a réussi son pari.

Autour du Film

par Jean-Paul Gourdant

Financement :

C'est Wingnut Films, la société de P. Jackson, qui assure principalement le montage de l'ensemble au sein de Three Foot Six Ltd. New Line Cinema, qui distribuera les films, amène les liquidités. Peter Jackson est impliqué directement dans la production, aux côtés de Barrie M. Osborne, qui a entre autres participé aux aventures de « The Matrix », « Face/Off », « Dick Tracy » et « The Cotton Club ». En tant que producteurs exécutifs, on compte également des personnes connues, comme Saul Zaentz (« The English Patient », « Amadeus », « The Mosquito Coast », « One Flew over the Cuckoo's Nest » et la version de 1978 de « The Lord of the Rings ») et les frères Harvey et Bob Weinstein (producteurs exécutifs sur de multiples films, dont beaucoup de discutables, mais aussi « The Yards », « The English Patient », « True Romance »). Enfin, on note la présence de la co-auteur Frances Walsh au poste de producteur associé.

Scénario :

Le script a été écrit par Peter Jackson en personne, assisté par sa complice (« Braindead », « Heavenly Creatures », « The Frighteners ») Frances Walsh. Sont également crédités Philippa Boyens et Stephen Sinclair.

Musique :

C'est Howard Shore qui signe la musique du film. Il a déjà travaillé sur beaucoup de gros films comme « The Silence of the Lambs », « Philadelphia », « Ed Wood », « Seven », « ExistenZ », « The Yards »... Peter Jackson lui a demandé de faire du « celtique sans être celtique » !

Effets spéciaux, conception visuelle, cascades :

C'est la firme néo-zélandaise WETA qui a en charge les 1200 plans digitaux du *Seigneur des Anneaux*. L'ensemble représente quand même plus de 100 teraoctets de données informatiques !

La conception visuelle a été en partie dirigée par Alan Lee, qui a travaillé sur « Legend », et John Howe, tous deux spécialistes des illustrations de Tolkien.

Bob Anderson (« The Mask of Zorro », « Hihglander », « Barry Lindon », « Star

Wars »...) s'est occupé de la chorégraphie des combats.

Les Hobbits :

Elijah Wood endossera le rôle principal de Frodo Baggins. Âgé de 20 ans, c'est un habitué des plateaux de tournage depuis sa tendre enfance (« Back to the Future II », « Avalon », « Flipper »...). Bien qu'il soit censé jouer le rôle d'un hobbit, il n'a pas particulièrement une petite taille. Aussi, comme pour de nombreux autres acteurs, il sera nécessaire de donner l'illusion d'une taille de hobbit (1,10 m environ) à l'aide d'artifices de décors, de prise de vue, et d'effets spéciaux.

Billy Boyd joue le rôle de Pippin. Cet écossais a suivi des cours d'art dramatique, et n'a pour l'instant joué que pour la télévision et quelques longs-métrages.

Dominic Monaghan n'est pas non plus un acteur connu. Il sera Merry, l'un des hobbits de la compagnie. Il est né à Berlin et y a passé les premières années de sa vie avant de retourner à Manchester.

Sean Astin est le fils de John Astin, qui joua Gomez dans la série TV « The Addams Familly » et apparut en vieux juge fantomatique dans « The Frighteners » de Peter Jackson. On comprend mieux pourquoi Sean a baigné dans le cinéma, et est apparu dans une ribambelle de films, à commencer par « The Goonies ». Il interprète le très attachant Sam.

C'est sans conteste Ian Holm qui est le plus

connu de la troupe des hobbits. À 70 ans, Sir Ian Holm est un acteur talentueux et confirmé, récemment adoubé par la Reine d'Angleterre. Il joue Bilbo Baggins, qui récupéra l'Anneau des mains de Gollum. Sa filmographie est impressionnante. Citons quand même l'excellent « The Sweet Hereafter / De beaux lendemains », « ExistenZ », « Le cinquième élément », « Brazil », « Alien » ou « Chariots of Fire » qui lui valu un Prix du meilleur second rôle masculin en 1981. Il a également beaucoup travaillé au théâtre, avec un passage par la Royal Shakespeare Company.

Les Elfes :

Orlando Bloom joue Legolas, seul elfe de la compagnie de l'anneau. Il fait ses débuts dans ce film, après des études de théâtre à Londres. Il sera à l'affiche de plusieurs films en 2002, dont le prochain Ridley Scott.

L'australienne Cate Blanchett a fait ses débuts au théâtre, avant de jouer dans « Paradise Road », puis « Elizabeth » et « The Talented Mr. Ripley ». Dans « Le Seigneur des Anneaux », elle interprète la très respectable et envoûtante Galadriel.

Liv Tyler, séduisante fille du leader d'Aerosmith et d'une Playmate du mois du magazine Playboy, a commencé à se faire une place dans le monde du cinéma avec du bon et du moins bon, comme « Silent Fall », « U-Turn », « Stealing Beauty » ou « Armageddon ». Elle interprète Arwen.

Elrond, le demi-elfe de Rivendell, est incarné par Hugo Weaving, qui n'est pas un débutant. Il a en effet joué le méchant Agent Smith dans « The Matrix », et des seconds rôles dans de nombreux autres films.

Les Nains :

Seul Gimli défend le point de vue des nains dans la Compagnie de l'anneau, malgré leur importance dans le background (la Moria). C'est le gallois John Rys-Davies qui en assure l'interprétation, après de multiples apparitions dans des téléfilms, et un rôle récurrent dans deux Indiana Jones. Il est aussi très présent au théâtre.

Les Humains :

Personnage phare de la trilogie, le mage Gandalf est incarné par Sir Ian McKellen. Ce vieil acteur, défenseur de la cause Gay, a fait beaucoup de théâtre, et s'est mis vraiment au cinéma sur le tard. On note son interprétation dans une version anachronique de « Richard III », ainsi que dans « Apt Pupil », et dans « X-men » (il va d'ailleurs rempiler pour le second volet dans le rôle de Magneto).

Viggo Mortensen interprète Aragorn, le fier rôdeur. Il a fait ses débuts en jouant le jeune Amish traqué de « Witness », puis a enchaîné avec « The portrait of a Lady », « The indian runner » ou « Carlito's Way ».

Sean Bean joue Boromir, le guerrier au destin tragique. Cet anglais a fait surtout du théâtre, et seulement quelques apparitions dans des films.

Seconds rôles :

Impossible de ne pas mentionner les noms de quelques acteurs célèbre, qui vont endosser des seconds rôles.

Brad Dourif, qui joue Worm-tongue, le conseiller de Theoden, est un acteur confirmé qui a traîné son visage émacié dans de nombreux films, tels que « One Flew over the Cuckoos Nest », « Dune » (Peter de Vries), « Blue Velvet » et « Mississipi Burning ».

Christopher Lee, célèbre Dracula, a récupéré le rôle du méchant Saruman le Blanc.

Le roi Theoden est incarné par Bernard Hill, qui fût entre autres le commandant du « Titanic ».

La petite boutique de Tolkien

« Tout ce qui est or ne brille pas, tous ceux qui errent ne sont pas perdus » (Aragorn)

Sur les Rivages de la Terre du Milieu

par Sébastien Rennou

Analyse érudite

TOLKIEN : SUR LES RIVAGES DE LA TERRE DU MILIEU

Vincent Ferré

Editions Christian Bourgois

Illustration : aquarelle de J.R.R. Tolkien

Grand format, 358 pp, 23 €

Amateurs de Tolkien, vous êtes-vous jamais égaré dans les forêts touffues de la Terre du Milieu ? Ou, encore étrangers à ces contrées, avez-vous jamais été rebutés avant même le premier pas par la densité de ces textes ? Un guide se propose aujourd'hui à vous tous : Vincent Ferré est un universitaire qui vous mènera par des sentes à peine soupçonnées. Mais ne vous y trompez pas, ce livre qui pourrait vous paraître rébarbatif ne l'est nullement, c'est l'œuvre d'un spécialiste qui connaît son domaine comme sa poche, d'un passionné qui nous propose des pistes de réflexion dans la forêt touffue de textes constamment redécouverts.

Cette étude du *Seigneur des Anneaux*, ce guide de lecture, a pour fil directeur les thèmes de la mort et de l'immortalité. Une opposition très nette est faite entre les protagonistes qui se trouvent du côté de la mort et ceux qui luttent contre elle. Que ceux qui n'ont pas encore lu Le *Seigneur des Anneaux* se rassurent : ils peuvent se reporter, en appendice, à un résumé très rapide de l'intrigue qui leur permettra de lire l'analyse sans être perdus le moins du monde.

En premier lieu, Vincent Ferré examine les questions de l'invention d'un monde cohérent, de savoir à quel genre appartient vraiment *Le Seigneur des Anneaux* (et si, véritablement, il est possible de cantonner cette œuvre à un genre), et des rapports entre *Le Seigneur des Anneaux*, *Le Hobbit* et *Le Silmarillion*.

Puis il analyse l'omniprésence de la mort dans cette œuvre, il s'intéresse à la confrontation des personnages et de la mort, et à leur évolution à son contact. Il constate la disparition d'un monde pour un autre, l'évolution de cette histoire, qui de mythe devient Histoire.

L'analyse se révèle très sérieuse, c'est un travail de fond effectué par un passionné, pour passionner ceux qui ne le sont pas encore, y compris ceux qui ne sont familiers ni avec *Le Seigneur des Anneaux* ni avec l'œuvre de Tolkien : les citations fréquentes, souvent retraduites par souci de plus grande exactitude et

fidélité au texte original, permettent aux nouveaux venus d'avoir un aperçu, et à ceux qui connaissent déjà le roman d'avoir des repères, des jalons, telles des bornes kilométriques le long du chemin.

Les notes, elles aussi, sont nombreuses et d'une grande précision ; mais ne sont clairement là que pour ceux qui désirent véritablement creuser la question, pour les plus curieux, voire à réserver pour une seconde lecture de cette étude qui ouvre des perspectives et donne envies de (re)lire *Le Seigneur des Anneaux*.

L'analyse est érudite, parfois technique, toujours très précise, mais Vincent Ferré évite les écueils d'un grand nombre d'écrits de ce genre : son propos est toujours clair, il s'efforce d'expliciter tout point qui pourrait paraître obscur à qui n'est pas versé dans les techniques littéraires. Ce texte est donc à mettre entre toutes les mains curieuses de ceux qui veulent prendre encore plus de plaisir à la lecture du *Seigneur des Anneaux*.

L'ART DE TOLKIEN

par Chrystelle Camus

Pour amateurs

LE SEIGNEUR DES ANNEAUX : L'ART DE TOLKIEN

Greg et Tim Hildebrandt

Soleil - 2001

Les amateurs d'illustrations se souviendront très certainement des frères Hildebrandt, puisque leur incursion majeure dans l'univers de Tolkien s'est traduite par les calendriers Tolkien 1976, 1977 et 1978.

Servi par une couverture dynamique où l'on peut facilement reconnaître chaque membre de la Communauté de l'anneau, l'ouvrage de Soleil nous propose de pénétrer dans l'univers intime des frères jumeaux Tim et Greg Hildebrandt.

Les fans se régaleront de retrouver les illustrations des calendriers assorties des commentaires des illustrateurs eux-mêmes et de leurs travaux préparatoires (esquisse, photographies...). Mais une des originalités de cet ouvrage réside dans le fait que chaque illustration est accompagnée d'un texte écrit par le fils d'un des frères Hildebrandt : Greg Junior.

Certes, d'aucuns pourront dire que les illustrations des frères Hildebrandt sont un peu dépassées et vieillottes car trop naïves, à la composition assez classique et parfois trop figée. Mais le plaisir de cet ouvrage ne réside pas là : on aime ou on n'aime pas les travaux des frères Hildebrandt. Par contre, le fait de pouvoir découvrir tous leurs travaux préparatoires : les esquisses déchirées ou en partie détruites, les photos en noir et blanc où les amis et la famille posent dans le rôle de Gandalf ou de Frodo, dans des costumes bricolés, un balai à la main en guise de sceptre est d'un intérêt ethnographique certain.

On en apprend alors plus sur leur façon de travailler si particulière, surtout lorsque le récit de Greg Junior est étayé d'anecdotes et de souvenirs, conférant à l'ouvrage une légèreté de ton et une certaine familiarité.

On découvre ainsi que les deux frères travaillaient en même temps sur le même tableau, terminant parfois là où l'autre avait commencé, reprenant les détails que l'autre n'avait pas pu finir...

Hildebrandt, les dessins préparatoires et les esquisses des pages intérieures et de la couverture avaient d'ailleurs déjà été faits, lorsque les deux frères décidèrent finalement de ne pas le mener à bout. Ayant envie de se consacrer à leur propre univers de Fantasy…

Un ouvrage indispensable pour les amateurs des illustrations des frères Hildebrandt (même pour ceux qui n'ont pas eu le loisir d'acquérir les trois calendriers actuellement introuvables). Chaudement recommandé pour ceux qui aiment les ouvrages d'art de fantasy.

Tim avoue volontiers qu'il se sentait l'âme d'un architecte frustré, c'est sans doute pour cela qu'il prenait plaisir à peindre d'immenses bâtiments, comme Le Palais Doré de Rohan ou La Tour Sombre. Greg, par contre, préférait se concentrer sur l'exécution des personnages.

La fin du livre présente des travaux personnels, principalement des commandes, toujours basés dans l'univers de Tolkien.

On apprend également que le calendrier 1979 devait être effectué par les frères

L'Auteur du Siècle

par Claire Panier-Alix

Lisez Tolkien

J.R.R. TOLKIEN : AUTHOR OF THE CENTURY

Tom A. Shippey

Editions HarperCollins

L'œuvre de Tolkien est à la mode. Il est de bon ton d'en parler, même si on n'a lu –au mieux– que *Le Seigneur des Anneaux* et/ou *Bilbo le Hobbit*. Cette fin d'année 2001 renforce un phénomène en marche depuis quelque temps déjà, en raison de la sortie prochaine du très attendu film de Peter Jackson (avec méfiance sinon animosité par les inconditionnels de J.R.R. Tolkien).

Profitant d'un filon qu'on sait juteux –tout le monde sait que *Le Seigneur des Anneaux* s'est toujours bien vendu, qu'il continue à drainer des fortunes, et figure depuis trente ans au box-office des best-sellers dans le monde (je connais une douzaine de traductions…). Phénomène qu'il aurait été dommage de ne pas exploiter à l'instar des séries TV à la mode adaptées pour le grand écran, des inénarrables remakes de succès cinématographiques, ou des suites en cascade… Bref, dans ce contexte, l'éditeur anglais HarperCollins qui fait des fortunes considérables grâce aux « tolkieneries » en publiant quasiment tout ce qui sort sur le sujet, [en plus du superbe travail de Christopher Tolkien, qui rassemble et compile tous les inédits, notes, synopsis, ébauches et études de son père dans une série d'ouvrages intitulée *History of Middle-Earth (HoME)*, dont 12 volumes sont déjà sortis et qui existent désormais réunis dans de somptueux coffrets, et des œuvres de Tolkien proprement dites] poursuit sa tâche en nous offrant la dernière étude, à lire absolument : *J.R.R. Tolkien : author of the century*, dont le mérite se résume à affronter ouvertement universitaires et journalistes paresseux, souvent ignares et parlant pour ne rien dire quand ce n'est pas tout simplement d'un sujet dont ils ne savent rien sinon ce qu'ils ont entendu dire… Tom A. Shippey, connu des tolkienistes pour son livre *Road to Middle-Earth*, a voulu profiter de l'engouement actuel pour rehausser un peu les débats.

Son plan est simple et rigoureux, passionnant à lire : pour sauver Tolkien de la médiatisation sauvage et de la désinformation, il explore les trois œuvres majeures de Tolkien (en ce qui concerne les fictions) : *Bilbo*, *Le Seigneur des Anneaux*, et *Le Silmarillion*. En sept chapitres, il passe en revue toutes les créatures que Tolkien a associées à la guerre de l'Anneau, bonnes ou mauvaises (du moins déclarées comme tel), ainsi que l'élaboration des langues inventées par Tolkien. Son propos est d'expliquer pourquoi ces textes ont eu un impact aussi exceptionnel sur le lectorat d'un XXème siècle déclinant, et ceci un peu partout dans

Dépêche AFP: La police devient dure avec les amateurs de Hobbits du Kazakhstan : les Gens qui s'habillent comme des Hobbits sont devenu les dernières victimes des mesures de répression policières courantes dans l'état asiatique du Kazakhstan Central peu tolérants envers les styles de vie non « conventionnels ». *Le Seigneur des Anneaux* est très populaire dans les pays de l'ancienne Union soviétique, où des milliers de supporters s'habillent et reproduisent « in live » des scènes du livre. Mais cet innocent hobbie est considéré comme subversif par la police notoirement brutale d'Almaty, l'ancienne capitale du Kazakhstan. « Nous respectons parfaitement la loi » affirma Vitaly, accusé de « Tolkienisme ». « En fait nous passons la majeure partie de notre temps dans les montagnes. Nous ne tenons des conventions dans la ville que deux fois par an. C'est notre style de vie. La police ne l'aime pas, mais nous n'allons pas nous arrêter. C'est toute notre vie. »

L'institut londonnien pour la guerre et la paix (IWPR) dit que, sans compter les seuls Tolkienistes, les gens détenus incluent des « artistes alternatifs », des gays et des lesbiennes, des anarchistes, des hippies, des punks et des membres des sectes religieuses. Tous sont considérés comme dissidents, et la plupart se plaignent d'être systématiquement torturés. Alexander, chef d'une bande de punk-rock d'Almaty, dit avoir été détenu pendant deux jours dans un prétendu « réservoir d'eau ». C'est une méthode généralement employée par la police pour arracher des confessions. « Ils mettent la personne arrêtée dans une cellule étroite, environ 4 pieds 6 pouces de haut, à demi pleine d'eau glacée. Vous ne pouvez pas vous tenir debout parce que le plafond est trop bas, et vous ne pouvez pas vous asseoir parce que vous risqueriez de vous noyer. Cela dure des heures. »

Les récits de Tolkien ont été largement lus dans l'ancienne Union soviétique depuis qu'il a été traduit la première fois (1988) pendant la Perestroika. Elles ont atteint une crête de popularité dans les années 90. Plusieurs rassemblements de Tolkienistes ont lieu à Moscou le jeudi, lors des soirées en été au parc de Neskuchny donnant sur le fleuve de Moskva. Un fervent fan de Hobbits, Askar Tuganbaev, ingénieur commercial, explique : « dans le Yekaterinburg [dans les Monts Oural] il y a deux ans, ils ont même construit une forteresse et ont livré bataille, en costume. » M. Tuganbaev dit que la police de Russie est tolérante envers les Tolkienistes, et que c'est seulement au Kazakhstan qu'ils sont accusés d'être de dangereux «Satanistes» et sévèrement réprimés.

(dépêche AFP d'après Patrick Cockburn à Moscou le 29 juillet 2001)

le monde. On sait que dans certaine région de l'Europe de l'Est, des fans de Tolkien ont cette année été déportés car ils avaient décidé de vivre comme des Hobbits, ce qui a été considéré comme subversif par le pouvoir.

Autre anecdote moins stupéfiante mais mettant tout autant en avant l'impact de Tolkien sur l'époque : après avoir découvert un spécimen non répertorié de chauve-souris, un naturaliste néo-zélandais baptisa sa trouvaille « chauve-souris hobbite » à cause de ses pattes poilues.

Tom A. Shippey sait de quoi il parle. Le titre de son livre est volontairement provocateur : rendant hommage à l'auteur par cette lapalissade (tant par le nombre d'exemplaires vendus à ce jour que par l'impact indéniable de Tolkien sur la fantasy moderne), il répond surtout aux critiques ou autres détracteurs faisant la fine bouche, par une analyse répondant à leurs clichés infantilisants par un très convainquant « lisez Tolkien et vous en parlerez mieux ! »[1]…

Shippey rappelle qu'à l'instar d'un Orwell, d'un Golding ou de Vonnegut,

1 La citation est de moi, pas de Shippey, mais elle traduit assez bien l'esprit de son livre.

Tolkien est un véritable auteur de fantasy. Un créateur. Ce qui n'est pas forcément le cas de bien des noms se revendiquant comme tel : J.R.R. Tolkien a créé un univers de fond en comble, plaçant ses lecteurs dans un contexte de « fiction métaphorique » entaché d'aucune ambiguïté à part celle que le charme de l'œuvre propose aux dits lecteurs de s'imposer : tous, auteur compris, savent que ce monde et ses habitants n'existent pas, sinon dans un espace-temps virtuel, imaginaire, unique, régi par des règles qui lui sont propres. La plupart du temps, le contexte est clairement eschatologique, et le Mal omniprésent, sans que cela n'induise que le Bien (ou les « bons ») ne soit inexistant. Évidemment, cette base semble simpliste, alors qu'il n'y a rien de plus complexe en littérature (ou en philosophie) que cette grande question : comment combattre le Mal quand il est partout, y compris en nous ? question immédiatement suivie d'un « pourquoi ? » muet, désespéré.

Shippey rappelle que ce type d'auteurs ont eux-mêmes été témoins d'une guerre (acteur en ce qui concerne Tolkien : il s'est battu dans la Somme où il a vu l'un de ses proches amis mourir). [Bien qu'il s'en défende, Tolkien n'a pu éviter d'être influencé par la Première Guerre Mondiale et les drames qui s'enchaînèrent jusqu'aux années cinquante, lorsqu'il écrivit *Le Seigneur des Anneaux*. Les parallèles sont clairs, la Grande Peur est là. À ce sujet, John Garth prépare un livre sur Tolkien et la Première Guerre Mondiale pour HarperCollins.]

Frodon, porteur de l'Anneau, oscille et résiste de son mieux à la tentation de céder au pouvoir de l'Anneau. Peu à peu, la corruption s'infiltre, avec ses moteurs habituels, la peur et les bonnes intentions – avec ces pouvoirs, il serait facile de gagner la partie et de sauver le monde de l'emprise du mal ! Boromir, le brave, succombera à l'insidieux appel de l'Anneau corrupteur. Il s'en rendra compte trop tard, et cherchera à expier ses fautes en sacrifiant sa vie.

La question posée par Tolkien reste fondamentale : il ne s'agit pas du classique combat des gentils contre les méchants, mais d'une lutte contre soi-même : ce qui tend à corrompre le cœur pur du jeune Hobbit, pourtant choisi pour son innocence, est-ce le pouvoir intrinsèque de l'Anneau, ou bien ce qu'il y a de plus mauvais (ou de plus dangereux) en lui (en chacun de nous) et que le fait de porter l'anneau réveille : ses désirs inavoués ?

Le récit de Tolkien est picaresque : on suit les héros géographiquement, ils avancent d'Ouest en Est (le salut étant à l'Ouest...) et nous sommes les témoins muets des horreurs qu'ils affrontent en chemin, grandissantes, et qui sont autant d'épreuves initiatiques. Leur parcours est linéaire (jusqu'à l'éclatement de la Compagnie, mais alors nous suivons surtout le Porteur de l'Anneau), et bien que Tolkien soit réputé pour sa géographie grandiose, ce n'est qu'un décors voilant à peine un monde intérieur, écartelé entre demi-vie et demi-mort, à la fois miroir de l'état de la Terre du Milieu, et de celui du Porteur de l'Anneau : l'univers tolkienien dans *Le Seigneur des Anneaux* est moribond, peut-on encore le sauver ? Arrivera-t-on à temps ? Doit-on vraiment se lancer dans cette quête perdue d'avance ? Ce qui compte, c'est de lutter, même si cela apparaît désespéré... Et même si c'est vain, effectivement.

Shippey explique que c'est une parabole sur les drames du XXème siècle, qui tracassaient sérieusement Tolkien à une époque où dictateurs et apparatchiks se partageaient le destin du monde dans d'incessantes et sanglantes guerres de pouvoir. Il n'y a rien de puéril ou de « mignon » dans les Elfes du professeur d'Oxford, mais une gravité reflétant le pessimisme et l'angoisse de l'auteur quant à l'avenir : marqué par la Première Guerre Mondiale, hanté depuis toujours par un cauchemar récurrent (ce qu'il appelle lui-même le « syndrome atlanticus »), épouvanté par l'industrialisation massive, un scientisme alarmant, puis frappé par la Deuxième Guerre Mondiale et l'emballement de pouvoirs politiques se partageant le monde en dépit du bon sens et d'une certaine idée de l'Humanité, Tolkien sait qu'une partie, sinon la totalité du monde dans lequel il se reconnaissait (ou tentait de le faire), est irrémédiablement perdue, et que ce qu'il en reste court à sa perte. À l'instar de son jeune héros Hobbit, Frodon, il se demande comment affronter cela dans la dignité.

Philologue, linguiste, médiéviste, spécialiste des récits anciens (principalement ceux du Nord de l'Europe), J.R.R. Tolkien a mis toutes ses compétences au service d'une tâche : révéler des mondes qui le hantaient, pleins de ses angoisses et de ses rêves de mondes perdus, les traduire pour nous les rendre intelligibles au plein sens du terme… Shippey expose l'arsenal stylistique de cet auteur hors norme, sans manquer de démontrer qu'*a contrario* de ses successeurs « fantasystes », Tolkien ne s'est pas contenté de s'inspirer de légendes ayant fait leurs preuves, bien que son œuvre soit imprégnée de ses textes favoris, comme *Beowulf* ou la *Volüpsa*. Comme il l'avait fait dans son livre *The Monsters and the critics* (publication d'un des cours qu'il donnait), J.R.R. Tolkien a voulu, dans *Le Seigneur des Anneaux* (pour ne parler que de ce dernier) combler, en quelques sortes, les vides de nos connaissances du patrimoine culturel du nord-ouest de l'Europe, ces racines anglo-saxonnes et nordiques qui lui étaient chères – lacunes sous-jacentes dans les récits parvenus jusqu'à nous dans leurs transcriptions « christianisées ». Il a donc raconté les légendes oubliées, réinventé les mythes perdus, les croyances disparues, les épopées que nous n'entendrons jamais, alors que le peu qui nous soit parvenu, avec ses dragons, ses anneaux, ses trésors et ses dieux crépusculaires, ne cesse de nous enchanter depuis des siècles au point qu'on ne puisse s'empêcher, encore et encore, de réécrire la même histoire.

Tolkien, lui, nous raconte ce que cachaient les forêts évoquées au loin sur d'incertains contreforts nimbés de brume, alors que nous nous concentrions sur la chevauchée de tel héros norois, ou tel guerrier celte, dans des temps immémoriaux, sur des manuscrits enluminés. Et ce faisant, il évoque à son tour d'autres forêts, d'autres horizons, jusqu'à de vastes étendues vierges et inexplorées, sur les cartes qui illustrent ses récits…

Lisez le livre de Shippey, qui je l'espère sera un jour traduit en français. Il parle bien de ce qui sera caché par le merchandising et les propos faussement émerveillés (ou bêtement narquois) de journalistes ignorant de quoi il est question. Lisez Tolkien, aussi, en anglais cette fois en attendant qu'une traduction fidèle paraisse enfin…

Bon séjour en Middle-Earth.

La Création Inachevée

par Irène de Los Santos

La Totale
HOME : HISTORY OF MIDDLE-EARTH
J.R.R. TOLKIEN

Editions HarperCollins

Une entreprise démesurée

Si l'ambition avouée de Balzac, avec sa *Comédie humaine*, était de « concurrencer l'état civil », celle de Tolkien aurait pu revendiquer la concurrence avec la géographie, l'histoire et la mythologie.

Ce qui frappe d'abord le lecteur, quand il découvre l'œuvre de J.R.R. Tolkien, c'est l'ampleur exceptionnelle de l'imagination. Le monde que décrit Tolkien dans son œuvre maîtresse, *Le Seigneur des Anneaux*, est si vaste, si riche, si coloré et plein de détails qu'il semble littéralement inviter le lecteur au voyage vers la Terre du Milieu.

Et pourtant ! Pourtant le *Seigneur des Anneaux* ferait presque figure de partie émergée de l'iceberg, à côté de la somme totale des matériaux accumulés par Tolkien au cours de la création de son monde. Récits, poèmes, cartes, généalogies, tables chronologiques, dessins et peintures, notes « techniques » en marge des récits : de quoi brosser l'histoire d'un vaste continent au long de plusieurs millénaires, avec ses peuples et mythes, sans compter la construction et l'évolution d'au moins deux langages différents.

Qu'en a-t-il publié de son vivant ? Deux romans, *The Hobbit* et *The Lord of the Rings*, dont le second fait au bas mot mille pages... Mais qui ne relatent que le tout dernier épisode de cette très longue histoire !

Les travaux du professeur Tolkien Jr.

Le reste nous est connu surtout par le travail d'érudit de son plus jeune fils, Christopher, qui applique à l'œuvre de son père les techniques classiques de la recherche universitaire : déchiffrement des manuscrits (certains textes sont en anglo-saxon, voire en langues elfiques), comparaison des variantes, établissement des dates d'apparition des personnages, etc.

Il s'y est pris en plusieurs fois. D'abord, dans les années qui suivirent la mort de J.R.R. Tolkien, Christopher s'attelle à la tâche de rassembler les matériaux épars du livre que son père n'avait pu achever de son vivant. Il en sortira le *Silmarillion*. Mais ce livre est plutôt la compilation de différents textes de ton et de nature différents : aussi bien le récit « mythologique » de la création du monde (« La musique des Ainur »), que des textes appartenant plutôt au genre épique (le « Quenta Silmarillion », histoire des joyaux elfiques dérobés par l'Ennemi et qui furent à l'origine de l'exil des Elfes sur la Terre du Milieu ; « Akallabeth », récit de la grandeur et de la chute de Nùmenor) et jusqu'à un résumé assez rapide de l'histoire de l'Anneau.

Résultat ? Un livre passionnant mais qui laisse le lecteur sur sa faim. Une toile immense est ici brossée (l'histoire du monde, de la Terre du Milieu habitée par les mortels à la demeure des immortels, les Valar et les Elfes), des silhouettes esquissées, des aperçus sont donnés sur ce qu'ont pu vivre certains personnages du *Seigneur des Anneaux*, comme Elrond ou Galadriel, avant le début du roman. De plus, le manque d'appareil critique laisse en suspens bien des questions, en particulier sur la façon dont J.R.R. Tolkien avait élaboré son monde.

Le tir sera rectifié quelques années après, avec d'abord *Unfinished Tales*, qui sert en quelque sorte de complément au *Silmarillion*. D'assez longs passages relatifs à l'histoire de certains héros du « Quenta Silmarillion » (Tuor et Turin), mais aussi de l'île de Nùmenor (« Aldarion and Erendis ») et des détails explicitant certains passages du *Seigneur des Anneaux* (mort d'Isildur, nature des Istari, ou « magiciens », choix de Bilbo pour la quête du trésor de Smaug...) offrent au passionné de Tolkien amplement matière à réflexion.

Mais cela laissait dans l'ombre une bonne part des travaux de création de J.R.R. Tolkien. Les douze tomes de la série *History of Middle-earth* combleront cette lacune. Enfin, les brouillons successifs de Tolkien sont accessibles, commentés et comparés avec les versions définitives. Les fragments qui n'avaient pas trouvé leur place dans le *Silmarillion* ou les *Unfinished Tales* livrent leurs secrets, apportent leurs pierres à l'édification de la Terre du Milieu.

L'Histoire de la Terre du Milieu

Certaines découvertes sont déconcertantes, comme la première version de l'histoire de Beren et Lúthien (qui raconte l'amour d'un Homme et d'une Elfe, et les périls qu'ils devront affronter avant d'être réunis). Un personnage aussi inquiétant que Sauron, véritable génie du Mal, apparaît ici dans la peau d'un chat, et le preux Beren sous l'apparence d'un chien !

D'autres font sourire : un ami et collègue de Tolkien, C.S. Lewis, s'était pris au jeu et avait rédigé une critique à moitié sérieuse d'un de ses poèmes, sous la forme d'articles dans la plus pure tradition universitaire, émanant de trois professeurs fictifs (et pompeux).

Mais même si ces pépites de connaissance raviront (ou laisseront pantois) le lecteur passionné, cette copieuse somme reste d'abord difficile, et risque de rebuter l'imprudent qui s'y lancerait tête baissée.

Il y a bien sûr la difficulté même de certains textes de J.R.R. Tolkien, écrits dans une langue superbe, mais volontairement archaïsante, avec un vocabulaire et des constructions de phrases assez éloignés de l'anglais moderne. Ajoutons-y le fait que ce sont pour la plupart des fragments isolés, souvent inachevés (défaut récurrent de Tolkien !) et difficiles à replacer dans leur contexte. Souvent, même, plusieurs passages se référant à un même événement de l'histoire de la Terre du Milieu, mais écrits par Tolkien à des années d'intervalle, ne sont pas cohérents entre eux, et correspondent à différentes étapes de la conception de son univers. On a déjà cité la version primitive de l'histoire de Beren et Lúthien, mais on pourrait évoquer aussi l'épisode fondateur de la « création du monde » (décrit dans le *Silmarillion* au chapitre « La Musique des Ainur »).

Mais surtout, les douze volumes de History of Middle-earth sont plus des ouvrages d'érudition que de fiction. Cette fois-ci, Christopher Tolkien n'a pas tenté d'achever ou de reconstituer les récits de son père, mais de prendre tous les fragments qui restaient et de les étudier. Le résultat doit donc plus à la critique littéraire qu'à la littérature proprement dite. (Et la prose de Christopher, malgré un style clair et efficace, n'a pas la saveur de celle de J.R.R. Tolkien, telle qu'elle se déploie dans les essais de *The Monsters and the Critics* – et que le lecteur français peut retrouver dans l'essai « Du Conte de Fées », publié en français dans le recueil *Faërie*.[1])

L'intérêt majeur de cette *History of Middle-earth* vient de ce qu'elle nous révèle la façon dont J.R.R. Tolkien, au cours des années, a façonné son univers privé – et ce bien avant de commencer la rédaction de *The Hobbit*. Elle permet également de suivre étape par étape sa progression dans la difficile rédaction du *Seigneur des Anneaux*. Elle nous offre en fin de compte un panorama complet de la diversité des peuples qui habitent la Terre du Milieu, chacun avec sa langue sa culture, ses croyances et son histoire.

Bref, on ne conseillera certes pas au débutant de commencer par là, non. Pour celui qui n'aurait rien lu de Tolkien, ou presque, mieux vaut commencer par *Bilbo le Hobbit* (qui n'est pas, contrairement à ce que pourraient faire croire de mauvaises éditions illustrées, un livre pour enfants !), puis attaquer *Le Seigneur des Anneaux*, et ensuite *Le Silmarillion* puis *Unfinished Tales*. Sans oublier les contes (publiés dans le recueil *Faërie*), la biographie de Tolkien par Humphrey Carpenter et ses lettres (réunies par Christopher Tolkien et Humphrey Carpenter). Après cela, le lecteur sera mûr pour entamer la lecture de la série *HoME (History of Middle-earth)*.

On conseillera cependant de commencer la lecture de celle-ci par les tomes X (*Morgoth's Ring*) et XI (*The War of the Jewels*) qui représentent la version finale, la plus complète et exempte d'erreurs, du *Silmarillion*. Les autres volumes (surtout les I, II et III, hélas) sont plus difficiles d'abord.

1. *Faëries*. Christian Bourgois Éditeur, 1974 ; Presses Pocket, 1992.

Le Seigneur des Anneaux en Musique

par Simon Sanahujas

La 1ére symphonie de Johan de Meij

Johan de Meij est né en 1953 à Voorburg, en Hollande. Il étudie au conservatoire royal de La Haye et, à la fin des années 80, se consacre à l'écriture de sa première symphonie. Celle-ci a pour nom « Lord of the Rings » et repose sur l'œuvre éponyme de J.R.R. Tolkien ; elle sera primée en 1989 au concours de composition de Chicago.

C'est une pièce particulière par sa nomenclature (elle est écrite pour un orchestre à vents : uniquement composé de cuivres, de bois et de percussions), et par sa forme puisqu'il s'agit en fait d'un poème symphonique (œuvre descriptive par excellence) déguisé en symphonie. Cependant, et même si Johan de Meij est un compositeur contemporain, son style reste tonal et s'inspire des grands musiciens romantiques du XIXème siècle.

« Lord of the Rings » est organisée en cinq mouvements, chacun s'attachant à décrire un personnage ou un passage du roman.

Le premier mouvement, « Gandalf », dresse le portrait musical du fameux magicien. L'ouverture en est majestueuse, vite suivie d'un thème représentant le personnage, ce leitmotiv étant repris dans les autres mouvements à chaque fois qu'il faudra évo-

quer le sorcier. Ce thème s'enchaîne brusquement à un allegro qui rappelle la manière imprévisible d'agir de Gandalf ainsi que ses folles chevauchées. Le tempo se ralentit ensuite avec un choral empreint de majesté et de dignité, illustrant la grande sagesse du personnage. Après la reprise du thème, le mouvement se termine sur un fortissimo marqué.

Le passage suivant s'intitule « Lothlórien – the Elvenwood » et commence dans le calme et la douceur par une description du fameux bois. Un allegretto au thème chantant joué par les flûtes traversières nous rapporte la rencontre entre Galadriel et Frodon. Chacune des visions du hobbit est retranscrite, choral de trombones et airs de flûtes alternant avec le thème de Galadriel, jusqu'à l'apparition finale de l'Œil, rendue par un tutti tonitruant et alarmant. Ce mouvement s'achève dans un calme relatif, en un long decrescendo.

Le troisième mouvement porte le nom du personnage auquel il est consacré : Gollum. Il se caractérise par l'utilisation de dissonances et de rythmes syncopés, faisant alterner binaire et ternaire, évoquant ainsi la démarche clopinante et chaloupée de Sméagol.

Le leitmotiv de Gollum est tout d'abord exposé par le saxophone soprano. Le rythme s'accélère ensuite avec un jeu de trompettes endiablé, imageant la course du personnage, avant de se ralentir brusquement pour laisser place à un solo de trombone où l'instrument utilise la sourdine et le glissando, créant ainsi une atmosphère étrange et dérangeante d'où ressort toute la fourberie du personnage.

Après un tutti reprenant le thème de Sméagol, le mouvement se termine sur un vivace fortissimo d'une grande virtuosité, joué par tout l'orchestre et qui nous fait penser à la fuite éperdue du hobbit corrompu.

« Un voyage dans les ténèbres », l'avant dernier mouvement, se divise en trois parties. La première, intitulée « Les mines de la Moria » décrit l'angoisse que ressent la Compagnie de l'Anneau à son entrée dans le fameux complexe nain. Timbales et cuivres sourds, sur un tempo lent et des nuances piano martèlent l'avancée du petit groupe tandis que trompettes et saxophones viennent ajouter au sentiment d'oppression qui émane de ce passage.

La seconde partie : « Le pont de Khazad-Dum » décrit avec force utilisation des cuivres et des percussions l'arrivée du Balrog et son combat avec Gandalf. Dans une ambiance d'apocalypse parvient jusqu'à nos oreilles le thème du mage, puis tout se calme tandis que celui-ci chute avec le monstre.

Vient ensuite un andante funèbre, sombre et mélancolique, qui retranscrit le deuil de la Compagnie ainsi que la fin de son voyage au cœur des ténèbres de la Moria.

L'ultime mouvement de cette symphonie est dédié au peuple Hobbit. À une introduction semblable à celle qui ouvre cette œuvre (mais cependant plus calme) succède un thème joyeux et dansant, telle une farandole. Le même thème est ensuite repris dans une version plus sereine, calme et majestueuse avant de faire place au thème de Gandalf.

L'ouverture de la symphonie est ensuite reprise, dans une version puissante et pleine de majesté, tel un ultime appel. Le thème de Gandalf apparaît une dernière fois, avec calme, puis la symphonie s'achève doucement avec des valeurs de plus en plus longues et des nuances de plus en plus piano, suggérant le mystérieux départ des héros sur les eaux de l'océan.

En définitive, il s'agit d'une œuvre d'un lyrisme prenant, et d'une grande complexité de par sa construction et l'agencement des multiples thèmes et leitmotiv. Johan de Meij nous emmène dans un étonnant voyage au cœur des Terres du Milieu grâce à des mélodies à la fois subtiles et fortes, faisant vibrer notre imagination. La musique se calque avec aisance sur les mots et l'alchimie est parfaite, laissant la magie opérer.

Un enregistrement a été fait de cette symphonie, jouée par *The Amsterdam Wind Orchestra* sous la direction de Arie Van Beek. Le CD est produit par JE Classic Aalsmeer et est disponible en import (Pays-Bas).

On pourra également écouter cette œuvre au conservatoire de Reims les 23 et 24 Janvier (entrée gratuite, renseignements au 03 26 86 77 00)

Patrick Deceuninck

C'est d'une manière radicalement différente que Patrick Deceuninck (jeune et prometteur compositeur français) s'attaque à l'adaptation musicale de l'œuvre de Tolkien. En effet, au lieu de se restreindre au carcan des formes musicales classiques, Deceuninck entreprend la composition d'une sorte de musique de film tirée d'un livre.

Aussi étonnant que cela puisse paraître, cet exemple n'est pas le premier du genre puisque Joel Mac Neely avait fait de même par le passé avec « Shadows of the Empirc », un roman de Steve Perry s'inscrivant dans l'univers de la Guerre des Étoiles.

Chacun des morceaux qu'il compose (plus d'une vingtaine en tout) s'attache à décrire un passage du roman. On peut les découvrir sur son site :

http://pdeceuninck.fr.st// ou
http://pdeceuninck.free.fr/.

À noter aussi la sortie prochaine d'un CD intitulé « le porteur de l'anneau » enregistré par le *Saint Petersburg State Academic Symphonic Orchestra* sous la direction de Vsevolod Chmoulevitch. Le Style en est symphonique et romantique, entre Jerry Goldsmith et Basil Poledouris, et évoque des ambiances aussi variées que la joie (« A long expected party »), le calme et le mystère (« Lothlorien »), ou encore la tristesse et la nostalgie (« the breaking of the fellowship »). On retiendra tout particulièrement « Flight to the ford », épique et grandiose, et les deux morceaux se situant dans la Moria : « the chamber of Mazardul », et « the gates of Moria », angoissant et intrigant jusqu'à l'intrusion mouvementée des Orcs.

Il s'agit en définitive d'une œuvre très intéressante qui accompagnera agréablement la lecture de la trilogie. On regrette seulement que Patrice Deceuninck n'ait pas rencontré Peter Jackson car il possède toutes les qualités pour, avec l'âge, devenir un grand compositeur de musique de film.

Simon Sanahujas

Elven Music

Caprice
Label Prikosnovénie
Enregistré à Moscou
en septembre 2000 et janvier 2001

Elven Music est un mirage sonore alternant mélancolie profonde et joie éthérée, une rencontre hallucinée à la frontière des sens, un mystère qui se dévoile aux oreilles du voyageur imprudent, égaré au cœur de l'ancestrale forêt baignée de brumes féeriques et de clarté lunaire.

Né de la rencontre de jeunes musiciens russes œuvrant dans des formations comme l'orchestre du théâtre du Bolchoï, l'orchestre symphonique national russe, le Folk Alexandrov ensemble ou encore dans des ensembles de musique de chambre, cet album est une illustration musicale de *The Realm of Faërie* de Tolkien. On ressent une forte imprégnation de la musique symphonique russe où le chant sylvestre du hautbois insufflerait une touche romantique et la légèreté cristalline de la harpe une nuance celtique. Tous les morceaux ne sont pas présentés comme de la musique elfique mais plus de la moitié d'entre eux, notamment *The last dance, Merry making of the forest Elves ou Farewell*, procède d'une tentative de transcrire cette musique des elfes, décrite par de nombreuses sources littéraires, issue d'un monde parallèle où musique et danse occupent une place primordiale.

Deux autres albums sont annoncés. Un second d'abord, au titre pressenti de « Songs of Middle-Earth », basé sur « le Seigneur des Anneaux » : certains morceaux illustreront directement certains épisodes de l'œuvre. Un troisième album devrait clore le triptyque avec une dédicace aux forêts de Faërie.

Alienor

« Que ne jure pas de marcher dans les ténèbres qui n'a pas vu la tombée de la nuit » (Elrond)

Le Jeu de Cartes à Collectionner

par Fabrice Marchand

L'arrivée de l'œuvre de Tolkien sur les grands écrans redonne à tous l'envie de se replonger dans les aventures des Terres du milieu. Une publicité omniprésente, des bandes-annonces époustouflantes, et un nouveau jeu de cartes à collectionner sur le thème du *Seigneur des anneaux*. Du déjà vu diront les spécialistes, car c'est en effet la deuxième fois que le monde du jeu de cartes met Tolkien à l'honneur.

La première version, bien qu'ayant été remarquée pour la beauté de ces illustrations, a péché par sa complexité. Seuls les acharnés se sont investis dans le jeu, les novices ayant été vite saturés par les règles et *errata* multiples. Alors, c'est Decipher qui a décidé de relancer l'aventure « Lord of the rings », en prenant soin cette fois de faire un jeu avec des règles simplifiées sans perdre en intérêt.

Le principe de compagnies évoluant dans les Terres du milieu pendant que l'adversaire contrôle les forces au service de Sauron a été gardé, mais un autre équilibre est proposé : plus un joueur décide d'envoyer les forces du mal contre la compagnie adverse, plus il s'exposera à son tour à de nombreux périls. En effet, chaque carte jouée durant le tour de jeu de votre compagnie incrémente un pool de points que l'adversaire pourra dépenser pour la ralentir ou l'attaquer. Alors le choix sera difficile entre une stratégie rapide mais risquée, et un jeu plus lent mais plus sécuritaire. La victoire reviendra à celui dont la compagnie amènera le porteur de l'anneau jusqu'à la montagne du destin, à moins que celui-ci ne soit corrompu ou ne succombe durant le long voyage.

Le jeu se présentera sous la forme de starter deck de 63 cartes présentant soit Gandalf soit Aragorn, de boosters de 11 cartes, et de boîtes de luxe avec starter contenant Hobbits et Nazgûls, pierres de jeu, boîte de rangement et autres accessoires pour le jeu. Les

cartes ne seront plus illustrées par des dessins mais par des photos extraites du film, une solution qui décevra les collectionneurs d'illustrations de la première version, mais satisfera les adeptes du film.

Decipher a déjà planifié la sortie de neuf extensions, sous la forme de trois par an, en correspondance avec la sortie cinéma de la trilogie :

Novembre 2001 : The Fellowship of the Ring

Mars 2002 : Mines of Moria

Juillet 2002 : Realms of the Elf-lords

Novembre 2002 : The Two Towers

Mars 2003 : Battle of Helm's Deep

Juillet 2003 : Ents of Fangorn

Novembre 2003 : The Return of the King

Mars 2004 : Siege of Gondor

Juillet 2004 : Mount Doom

Un programme ambitieux mais qui promet une bonne pérennité au jeu, les passionnés devraient être satisfaits.

Donc rendez-vous pour la sortie de la version anglaise de « the Lord of the Rings », la version française, traduite et distribuée par Hexagonal, étant prévue pour décembre ou janvier.

Tolkien on the Net

par J.R. Lecocq

SITES GÉNÉRAUX :

JRRVF (français)

Au menu de ce site de très haute qualité, revue des œuvres de Tolkien, des articles, corrigenda, galeries d'images exclusives, langues elfiques et sources mythologies, sans oublier le moteur de recherche dans les œuvres de Tolkien. Le forum proposé est une mine d'informations. À consulter également : les cahiers de Pengoloth et la Compagnie de la Comté (association Loi 1901).

http://www.jrrvf.com

The Tolkien Archives (anglais)

Site très complet, tant par ses nombreux textes d'excellente facture que ses documents à télécharger (cartes, images et sons).

http://www.tolkien-archives.com

Tolkien en VF (français)

Site proposant une vaste panoplies de textes : essais, encyclopédie, bio et bibliographie, mais aussi des téléchargements, des jeux, une liste de diffusion, une section humoristique et des liens classés. La qualité de l'encyclopédie et des essais font de ce site une référence sur le net tolkienien francophone.

http://www.tolkiendil.com

autres sites :

The Barrow Downs (anglais)

http://www.barrowdowns.com

Le Conseil d'Elrond (français)

http://fondcombe.free.fr

La Demeure de Morlos et Nimwendil (français)

http://perso.wanadoo.fr/tolkien.mornim/

Elbakin (français)

http://www.elbakin.com

Lord of the Rings Fanatics Sites (anglais)

http://www.lordotrings.com

One Ring (anglais)

http://onering.virbius.com

Tolkien Online (anglais)

http://www.tolkienonline.com

LE SEIGNEUR DES ANNEAUX – LE FILM

The Lord of the Rings (anglais) – Le Seigneur des Anneaux (français)

http://www.lordoftherings.net
http://www.leseigneurdesanneaux.com

Angrenost (français)

http://www.chez.com/angrenost

Numenor, le Seigneur des Anneaux au cinéma (français)

http://www.numenoreen.com

Realm of the Ring (anglais)

http://www.realmofthering.com

Tolkien Movies (anglais)

http://www.tolkien-movies.com

ILLUSTRATIONS

Patrick Gely (français)

De très jolies illustrations originales et personnalisées de Bilbo le Hobbit. Patrick Gely a choisi de représenter des passages obscurs du conte, ce qui le distingue des autres artistes.

http://www.ray-zoo.org/gelypatrick

Rolozo (anglais)

L'une des plus gigantesques collections d'images sur l'œuvre de Tolkien avec un moteur de recherche intégré.

http://fan.theonering.net/rolozo

autres sites :

J.R.R. Tolkien Inspired Artwork Gallery (anglais)

http://www.nightrunner.com/gallery/html/index.html

SITES ASSOCIATIFS

Tolkien & Co (français)

Vitrine de l'association Loi 1901 Tolkien & Co, ce site propose entre autres un agenda des événements en France, une liste de diffusion et de fanzine. Le CyberNoldolas, lettre d'information par mail, fait le tour de toute l'actualité tolkienienne.

http://www.tolkienfrance.com

Tolkien Society (anglais)

Site officiel de la célèbre Tolkien Society. Son contenu est pléthorique : on y trouve des informations sur J.R.R.. Tolkien, l'association et ses événements, l'actualité, et aussi de la vente en ligne. Ce site est très utile à tous, mais principalement aux membres d'associations tolkieniennes de par le monde.

http://www.tolkiensociety.org

autres sites :

Deutsche Tolkien Gesellschaft (allemand)

http://www.tolkiengesellschaft.de

Faculté des Études Elfiques (français)

http://www.multimania.com/lafee

Sociedad Tolkien Española (espagnol)

http://www.ste.es.org

LANGUES INVENTÉES PAR TOLKIEN

Ardalambion (anglais/français)

http://move.to/ardalambion

http://ardalambion.fr.free.fr

Lambendilimar (français)

http://www.multimania.com/lambendilimar

Tyalië Tyelelliéva (anglais)

http://www.geocities.com/Athens/Parthenon/9902

JEUX

As Winter Passes (anglais)

http://members.aol.com/mwcouncil/merp.html

Middle Earth Role Playing (anglais)

http://www.merp.com

Le Miroir des Mondes (français)

http://www.mdmondes.org

Multi Users in Middle Earth (anglais)

http://mume.pvv.org

Le Site de l'Elfe Noir (français)

http://www.sden.org

Tolkien Computer Games (anglais)

http://www.lysator.liu.se/tolkien-games

When You Know More (anglais)

http://www.xsite.net/~mweeks/meccg

MUSIQUE

Patrice Deceuninck (français)

Les compositions de Patrick Deceuninck ont été enregistrées en juillet par le Saint-Petersburg State Academic Symphonic Orchestra, le CD devant sortir en novembre, illustré spécialement par John Howe. Allez vite télécharger ses morceaux en mp3 !

http://pdeceuninck.fr.st

autres sites :

The Tolkien Music List (anglais)

http://www.vikings.lv/~witchcraft/jrrt

DIVERS

Dan Smith's Fantasy Fonts (anglais)

Diverses polices, tirées du monde de Tolkien ou fantaisistes, assorties de commentaires littéraires et historiques.

http://www.geocities.com/TimesSquare/4948

Mithril Miniatures – The Lord of the Rings (anglais)

Site des figurines Mithril présentant toute sa gamme, avec la possibilité de commande en ligne. Un guide de peinture et des petites annonces réjouiront les collectionneurs.

http://www.mithril.ie

L'Equipe des Tolkienistes

Claire Panier-Alix

Née en 1969, fascinée depuis toujours par les mythes anciens et par leurs concordances (que de questions soulevées, M. Dumézil !), elle admire Tolkien, et elle adore Howard, Leiber, Norman (terre parallèle), Moorcock (multivers et héros éternel), Burroughs (ah ! Pellucidar !) Farmer (ces portes, toutes ces portes !) et bien d'autres. Eschatologie, cosmogonies et multivers lui permettent de réaliser ses fantasy chaque nuit quand les filles dorment (elle surveille un internat) et de poursuivre ses propres puzzles littéraires.

Guybrush

Nourri au concentré de Tolkien depuis tout jeune, il a découvert par la suite les vastes horizons du fantastique et de la SF et s'est rapidement perdu quelque part là-dedans. Depuis, il bosse dans le domaine des jeux vidéos, tente vaguement d'écrire, de devenir maître du monde et d'arrêter la cuisine expérimentale.

J.R. Lecocq

Actuellement spécialiste en ingénierie de formation, J.R. Lecocq, déjà fort imprégné des récits arthuriens, a découvert le *Seigneur des Anneaux* au cours de ses études, il y a 10 ans, et a tout de suite plongé dans le monde merveilleux de la Terre du Milieu. Dès lors est née une véritable soif de connaissance qu'il tente de faire partager en dirigeant une encyclopédie sur le web (http://www.tolkiendil.com) illustrant à quel point l'œuvre de J.R.R. Tolkien est l'une des plus riches qui soit.

Mathias Daval

Mathias Daval était en culottes courtes lorsqu'il a découvert Tolkien au milieu des années quatre-vingt. Depuis, la passion ne l'a plus quitté : il a essayé d'évangéliser les foules à Sciences Po, Sup de Co, et en DEA de philosophie à la Sorbonne, mais a compris qu'il n'y arriverait pas tout seul et a décidé de créer en 1997 l'association française des passionnés de Tolkien, Tolkien & Co. Aujourd'hui, il hésite entre une carrière de forgeron à Minas Tirith ou de business analyst chez Accenture.

Tolkien & Co

L'association TOLKIEN & CO est une association régie par la loi de 1901, fondée en mars 1997 afin de « promouvoir et d'étudier l'œuvre de l'écrivain britannique J.R.R. Tolkien en France ». Elle publie une revue bi-annuelle, Le *Tolkieniste*, ainsi qu'un bulletin d'informations, le *Noldolas*. Elle réunit plus de 350 inscrits.

Pour plus d'informations :
http://www.tolkienfrance.com
ou Tolkien & Co, 6 rue Rosa Bonheur, 75015 PARIS

Sébastien Rennou

Sa première excursion dans les Terres du Milieu, il la fait à l'âge de 12 ans : en un mois, il parcourt *Bilbo le Hobbit* et *Le Seigneur des Anneaux*. Il a aujourd'hui quelques années de plus, mais ne se lasse pas de traverser la forêt de Mirkwood ou la plaine de Gondor. Il a même poussé le vice jusqu'à faire des études d'anglais pour pouvoir redécouvrir tout cela dans le texte, et en apprécier encore plus les subtilités.

Simon Sanahujas

Né en 1979, Simon a suivi une formation de musicien classique et, parallèlement, a quelque peu usé les bancs de la fac d'histoire. Il travaille depuis comme régisseur d'orchestre au conservatoire de Reims. Il pratique régulièrement le Rugby et est passionné par une certaine fantasy sombre, pessimiste et violente. Écrivant depuis l'âge de 14 ans, il est actuellement en train de mettre la dernière main à un roman d'aventure entre S-F et fantasy tout en travaillant sur des nouvelles de fantastique. Il est également l'auteur du dossier consacré à Howard, paru dans *Faeries* n°5.

Sébastien Bertho

Bassiste depuis plusieurs années dans un groupe de reggae (Mister Gang), Sébastien Bertho n'en est pas moins passionné par les langues de Tolkien et collabore notamment au site :

http://ardalambion.fr.free.fr.

Irène De Los Santos

Irène De Los Santos a 32 ans et vit à Paris. Auteur de nouvelles de SF et de fantastique, mais aussi de poèmes, critiques et essais, elle a publié dans diverses revues francophones (dont *Poivre Noir, Horrifique, Verso, Écrire & Éditer*) et plus récemment dans le n°5 de *Faeries*. Passionnée depuis longtemps par l'œuvre de J.R.R.Tolkien, elle a participé à la création du site Internet d'infos et de critiques Tolkien-VF (http://www.chez.com/tolkienvf/index.html).

David Beauvineau

Durant ses études, David Beauvineau s'est intéressé de près à l'œuvre de Tolkien, puisqu'il lui consacra ses mémoires de maîtrise (l'histoire de Beren et Lúthien) et de DEA (le rôle symbolique des Elfes). Cet attachement particulier à la Terre du Milieu ne l'empêche cependant pas de grandement apprécier les univers de nombreux autres écrivains, tels Lord Dunsany, Robert E. Howard et Tanith Lee.

Jean-Paul Gourdant

Autour de la trentaine glorieuse, ce géologue universitaire partage son temps entre Lyon et Berlin. Entre deux voyages il prend toujours le temps d'aller au cinéma voir les dernières sorties. Les fiches de ses commentaires cinématographiques sont des plus appréciées des internautes. Tolkien a baigné toute son enfance et son passé et présent de rôliste passionné.

Fabrice Marchand

Chimiste reconverti à l'informatique, Fabrice crée des sites internet le jour et joue la nuit. Il joue aux cartes mais pas à la belotte : il a été champion de France du jeu de carte de « middle-earth » et compte bien le devenir sur le nouveau jeu de *Decipher*.

Alienor

Avatar de Jonas Lenn, Aliénor est l'auteur d'une trentaine de nouvelles dans les domaines de la fantasy, du fantastique, de la science-fiction, du polar.... Il est également chroniqueur dans la revue *Faeries* et collaborateur à des sites web, Manuscrit.com et Ecrivains.org.

Chrystelle Camus

On ne présente plus la cheville ouvrière de Nesti'. Rompue à l'archéologie, ainsi qu'au jeu du cirque, c'est presque par hasard que l'édition lui a ouvert ses portes, au détour d'un Grandeur Nature. Passée maîtresse en quelques années de la grammaire et de l'orthographe elle dirige avec art et douceur l'ensemble des auteurs qui participent à l'aventure de Nestiveqnen.

Jean-Paul Pellen

Maquettiste la nuit, ingénieur en bâtiment le jour, Jean-Paul Pellen s'épuise sur les mises en page de *Faeries*, pour notre plus grand plaisir à tous. Dopé au Coca Light, les yeux injectés de sang, il enfume l'atmosphère de vapeurs nocives et tabagiques. Un jour il pourra se consacrer entièrement à son art le plus secret : la sieste...